Thomas Hochholzer

TREKKING UND HÖHENBERGSTEIGEN

Ein medizinischer Ratgeber

LOCHNER VERLAG

Titel Ama Dablam (6.856 m, Everest-Gebiet/Nepal)

Photo Heinz Zak

ISBN 3–928026–11–9
Auflage 2. / überarbeitet 1998

Druck Druckerei Sonnenschein, 91217 Hersbruck
Lithos LANAREPRO, I-39011 LANA

Inhalt

1.	**Physikalische Veränderungen und Physiologie in der Höhe**	**7**
1.1	Ist die Luft da oben nicht ziemlich dünn ?	7
1.2	Höhen und Tiefen – Grenzen des Lebens	9
1.3	... und wie der Körper reagiert	12
1.3.1	Hyperventilation und erhöhte Sauerstoffaufnahme	13
1.3.2	Erhöhung der Sauerstofftransportfähigkeit	17
1.3.3	Erhöhte Sauerstoffausnutzung	18
2.	**Höhenstörungen**	**21**
2.1	Akute Höhenkrankheit	22
2.2	Höhenlungenödem	28
2.3	Höhenhirnödem	32
2.4	Netzhautblutungen	33
2.5	Erfrierungen	34
2.6	Chronische Höhenkrankheit	42
3.	**Vorbereitung**	**45**
3.1	Versicherungen	45
3.2	Ärztliche Voruntersuchung	45
3.3	Zahnärztliche Voruntersuchung	46
3.4	Impfungen	47
3.5	Welche Impfungen sind bei Trekkingtouren im Himalaya nötig?	53
3.6	Impfplan	54
4.	**Mittlere Höhe und Trekking**	**57**
4.1	Einstellung und Planung	57
4.2	Ausrüstung	59
4.3	Wer kann zum Trekken ?	61
4.3.1	Alter	63
4.3.2	Frauenspezifische Probleme	65
4.3.3	Problematische Vorerkrankungen	66
4.4	Verhalten während der Tour	67
5.	**Extreme Höhe und Expeditionen**	**73**
5.1	Voraussetzungen	73
5.2	Taktik	74
5.3	Veränderungen der körperlichen Leistung in extremer Höhe	76
5.4	Höhenhusten	78
5.5	Künstlicher Sauerstoff	79
5.6	Psyche	79
5.7	Erfahrungen	81

6.	**Erkrankungen und Verletzungen**	**85**
6.1	Erkrankungen	85
6.2	Durchfall und Verdauungsprobleme	85
6.3	Erkrankungen des Atmungstraktes	89
6.4	Entzündungen der Augen	90
6.5	Oberflächliche Hautverletzungen	90
6.6	Knieschmerzen	90
6.7	Rücken- und Schulterbeschwerden	93
6.8	Zehennägel	96
6.9	Blasen	96
7.	**Ernährung**	**99**
7.1	Physiologische Grundlagen	99
7.2	Grundlagen der Ernährung	101
7.3	Praktische Tips zum Höhenbergsteigen	107
7.4	Planung der Expeditionsküche und Art der Nahrungsmittel	107
7.5	Wasserverluste	110
8.	**Training**	**113**
8.1	Grundlagen	113
8.2	Trainingspraxis und Tips	116
9.	**Medikamente und ärztliche Betreuung**	**119**
9.1	Persönliche Reiseapotheke	120
9.2	Basislagerapotheke – Trekkingapotheke für den Begleitarzt	121
9.3	Minimalapotheke für Trekking ohne begleitenden Arzt	126
9.4	Hochlagerapotheke	127
9.5	Medikamentöse Akklimatisationshilfen	128
9.6	Trekkingarzt / Expeditionsarzt	132
	Checklisten Ausrüstung	**136**
	Gelbfieber-Impfstellen in Deutschland	**143**
	Erläuterungen	**149**
	Stichwortverzeichnis	**151**
	Bibliographie	**153**
	Bildautoren & Co.	**155**

Ein paar Worte vorne weg...

Immer mehr Menschen zieht es heute in die Berge, ob als Kletterer, Wintersportler, Bergsteiger oder Wanderer. Sie alle sind dort auf der Suche nach ..., ja wonach eigentlich denn? Sind es grandiose Naturerlebnisse, ist es die Suche nach neuen Routen, wollen sie die Grenze der eigenen Leistungsfähigkeit erfahren oder ganz einfach die Ruhe nach dem großen Abenteuer erleben?
Wir alle kennen das: ausbrechen aus der alltäglichen Routine, aus dem bequemen, alltäglichen Dasein. Die Berge können uns viel von dem geben, was uns im Alltag fehlt.
Freilich warten dann auch objektive Gefahren auf uns, die wir kaum beeinflussen können. Weiß man um die Gefahren der großen Berge und kennt man die damit verbundenen gesundheitlichen Schwierigkeiten, dann ist das »Erlebnis Berg« weniger aufreibend, aber umso intensiver.

Ich selbst konnte am Kilimandscharo erste Höhenerfahrungen sammeln. Weil wir zu schnell den Gipfel des Kibo erreicht hatten, ging es uns ziemlich schlecht...
Noch einschneidender waren dann die psychischen Veränderungen in Höhen um die 8.000 m. Zugleich haben mich die schlimmen, manchmal sogar lebensbedrohenden Anpassungsstörungen bei Trekkern erschreckt, die ich unterwegs traf.

In einem medizinischen Ratgeber wird der Leser vor allem kurze, gut »verpackte« Rezepte erwarten, die ihm das nötige Basiswissen um sein Verhalten, seine Ausrüstung, seine Medikamente vermitteln – keine Angst, die sind natürlich da.
Nach langem Überlegen habe ich mich dann aber auch entschlossen, viel Platz der Frage nach den physiologischen Zusammenhängen einzuräumen und so beginnt dieses Buch mit theoretischen Grundlagen und daher ein wenig »trocken«.
Das Buch ist so aufgebaut, daß der Leser, der sich schnell über richtiges Verhalten in der Höhe, Vorbereitungen oder medizinische Prophylaxe informieren will, den Anfang zuerst einmal überblättern kann. Ich bin mir aber sicher, daß die Frage nach dem »warum« früher oder später bei jedem auftaucht, der sich in die Höhe begibt und dann die Reaktionen seines Körpers verstehen möchte, und dann hilft nur noch die Theorie ...

So wünsche ich allen, die dieses Buch benützen, daß sie das in den Bergen finden mögen, was sie suchen und vor allem, daß sie gesund zurückkommen.

Thomas Hochholzer, Passau im August 1998

Ich bitte alle Leserinnen um Verständnis, daß in diesem Buch nur von »Bergsteigern« und nicht von »Bergsteigern/-innen« die Rede ist. Dies geschah nur aus Gründen der Lesbarkeit, denn daß die Berge schon lange keine rein männliche Domäne mehr sind, muß nicht extra erwähnt werden.

1. Physikalische Veränderungen und Reaktionen des Körpers in der Höhe

1.1 *»Ist die Luft da oben nicht ziemlich dünn?«* oder ein bißchen Physik muß sein...

So oder ähnlich wird man als Bergsteiger von vielen gefragt, wenn sich die Gespräche um die Besteigung hoher Berge drehen. Der Sauerstoff, den der Körper benötigt, wird wirklich wenig, aber dies nicht, weil die Sauerstoffkonzentration abnimmt, die auf dem Mt. Everest wie auf Meereshöhe gleich hoch ist. Noch in Höhen von ca. 80.000 m beträgt die Sauerstoffkonzentration 21 %. Den übrigen Anteil der Luft erbringen Stickstoff mit 78 % und 1 % Kohlendioxid oder Edelgase.

Was sich jedoch mit dem Aufstieg in größere Höhen wesentlich verändert, ist der Luftdruck. Am anschaulichsten kann man sich den Luftdruck als Säule vorstellen, die auf einem Menschen in Meereshöhe (NN = Normalnull) mit einem Durchschnittsdruck von 760 mmHg aufliegt.

Das ist nicht schwer zu verstehen, aber jetzt beginnt echte Physik:

Der Luftdruck setzt sich aus einzelnen Druckparametern (Partialdrücken) Stickstoff, Sauerstoff und Restgasen zusammen. So entsprechen die 21 % Sauerstoffkonzentration des Gesamtluftdrucks von 760 mmHg auf NN einem Sauerstoffpartialdruck von 159 mmHg. Diese Säulenlast – also der Luftdruck – nimmt mit zunehmender Höhe ab, parallel dazu auch der Sauerstoffpartialdruck. Das bedeutet für uns Menschen, daß der Druck, mit dem der Sauerstoff in unsere Lungen gepreßt wird, geringer und damit auch das Sauerstoffangebot für den Körper weniger wird. Diese Veränderung zwingt den Körper in der Höhe zur Reaktion. Der sinkende Sauerstoffpartialdruck (abgekürzt pO_2) ist somit die wichtigste Ursache für Veränderungen der Leistungsfähigkeit und für die Höhenerkrankungen.

So sinkt der Sauerstoffpartialdruck z.B. auf dem Mt. Blanc (4.807 m) nicht ganz auf die Hälfte und auf dem Mt. Everest (8.848 m) auf etwa ein Drittel des Normaldruckes.

In den Lungenbläschen herrscht eine andere Verteilung der Gase. Hier ist der Sauerstoffpartialdruck, auch unter Normalbedingungen, um ca. ein Drittel geringer als in der Außenluft (siehe Tabelle nächste Seite) und sinkt auf etwa 106 mmHg.

Die geringere Sauerstoffkonzentration in den Lungenbläschen erklärt sich dadurch, daß die Luft in der Lunge ein Gemisch aus »frischer« Einatmungsluft und »verbrauchter« Luft aus dem Stoffwechsel besteht.

In der Höhe gibt es noch weitere Veränderungen der Umweltbedingungen, wie

◁
Felszeichnungen und Gebetsfahnen bei Namche Bazar (Everest-Gebiet/Nepal)

WISSEN

Unterschied der Konzentration der Gase in der Außenluft und in der Lunge

	Außenluft	Lunge
Sauerstoff (O_2)	20,93 %	14 %
Stickstoff (N_2)	79,04 %	79,04 %
Kohlendioxid (CO_2)	0,03 %	6 %
Edelgase	1 %	1 %

Abnahme des atmosphärischen Luftdrucks, des Sauerstoffpartialdrucks in der Einatmungsluft und des alveolären Sauerstoffpartialdrucks mit steigender Höhe

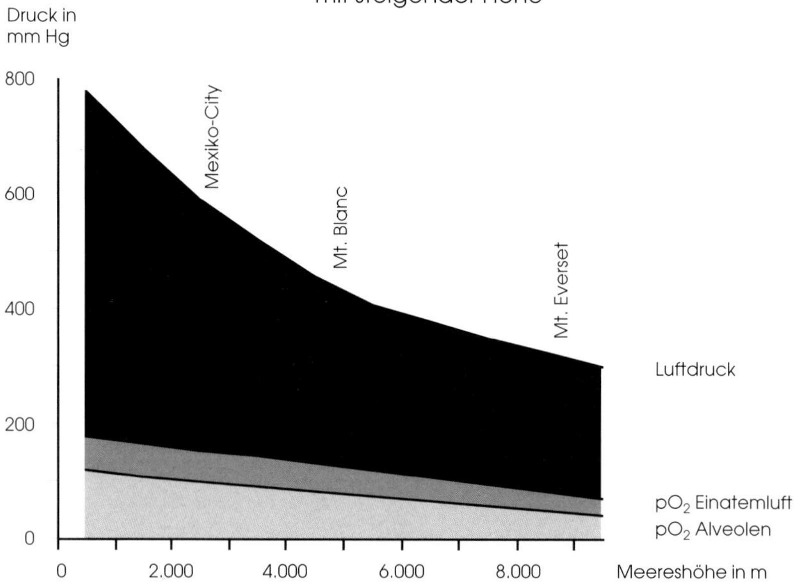

Der alveoläre Sauerstoffpartialdruck liegt durch die höhere Konzentration von CO_2 und Wasserdampf in den Alveolen noch deutlich tiefer als in der Einatmungsluft. Auf 5.500 m sinken Luft- und Sauerstoffpartialdruck auf etwa die Hälfte.

vermehrte UV-Strahlung, ein gesunkener Wasserdampfdruck und ein geringerer Luftwiderstand, der von einer geringeren Dichte der Luft herrührt. Diese Luft läßt sich auch leichter atmen, damit – ein Vorteil der Höhe – sinkt die Atemarbeit. Es können also größere Luftvolumina bei gleichem Arbeitsaufwand geatmet werden.

1.2 Höhen und Tiefen – die Grenzen des Lebens

Höhenexposition

Abnahme des Luftdrucks
Abnahme des Sauerstoffpartialdrucks
Abnahme des Luftwiderstands
Abnahme des Wasserdampfdrucks
Zunahme der UV-Strahlung

»*Wenn ich mir nur genügend Zeit lasse, werde ich mich wohl an jede Höhenlage anpassen können.*«
Viele Bergsteiger sind da schon eines Besseren belehrt worden, denn auch die Bergvölker auf den innerasiatischen Hochebenen oder in Südamerika respektieren die Grenzen ihres Lebensraumes und paßten ihnen die Lage ihrer Dörfer an.

Dieses »Höhenlimit« ergab sich interessanterweise aus mehreren Erfahrungen:
In Aconquilca, einem Dorf in den chilenischen Anden auf 5.330 m, ist ein Großteil der indianischen Bevölkerung in den Silberminen auf etwa 5.800 m beschäftigt. Aconquilca ist die höchstgelegene, ganzjährig bewohnte Ortschaft der Welt. Um nun den täglichen Anmarsch der Indianer zur Silbermine zu verkürzen, bauten die Inhaber der Mine Unterkünfte auf etwa 5.800 m in der Nähe der Arbeitsplätze. Die Folge waren starke Leistungseinbußen der Arbeiter, die unter Schlaflosigkeit, Appetitlosigkeit und zunehmender Apathie litten. Dies war somit ein erster Hinweis, daß eine Grenze auch für die bestangepaßten Bergbewohner besteht, die ein Dauerleben in diesen Höhen unmöglich macht.

Weitere Ergebnisse brachte 1960/61 eine wissenschaftliche Expedition im Himalaya, die sogenannte Silver Hut Expedition. Um die Höhenerkrankungen genauer zu erforschen, richtete das Team ein komfortables Camp auf etwa 5.800 m ein. Trotz bester Verpflegung, Ausrüstung und Unterbringung befanden sich die Mitglieder der Expedition nach wenigen Wochen in sehr schlechter Verfassung und verloren stark an Gewicht. Eine andere Gruppe, die nachfolgte und sofort weiteraufstieg – also eine wesentlich kürzere Akklimatisationszeit hatte – war leistungsstärker und erfolgreicher.

In Höhenlagen über 5.300 m kommt es also zu einem stetigen Leistungsabfall, früher oder später würde dann der Tod durch allgemeine Erschöpfung eintreten. Damit ist klar, daß dem menschlichen Organismus in der Höhe auf Dauer eine Grenze gesetzt ist. Einige Völker haben sich im Laufe der Jahrtausende besser an diese Bedingungen angepaßt. Kommt man als Tourist beispielsweise nach Lhasa oder in die tibetischen Hochebenen, fällt einem nach kurzer Zeit auf, wie viel besser sich die an diese große Höhe angepaßten Tibeter bewegen als die Chinesen, die aus den viel tiefer gelegenen Bezirken Chinas nach Tibet verfrachtet wurden. Noch viel auffälliger ist dann der Unterschied zwischen tibetischen und chinesischen Trägern in extremen Höhen. Auch wir Europäer werden selten das Leistungsvermögen von Sherpas oder Tibetern in der Höhe erreichen können. Der Organismus und besonders die Lunge hat sich bei diesen Hochlandbewohnern (breiterer Brustkorb, größeres Lungenvolumen, bessere Belüftung der Lungen usw.) optimal auf die speziellen Umweltbedingungen eingestellt.

Berechnungen zeigen, daß die für den Menschen absolut zumutbare Höhe nach bester Akklimatisation nicht viel über der Gipfelhöhe des Mt. Everest liegen dürfte. Die Sauerstoffversorgung der Zellen erreicht in diesen Höhen einen Tiefstwert, der gerade noch auf kurze Zeit menschliches Leben ermöglicht. Menschen, die den Mt. Everest ohne künstlichen Sauerstoff besteigen, bewegen sich somit an der äußersten Grenze der Leistungsfähigkeit des Organismus.

So können die verschiedenen Höhenlagen nach ihrer Wirkung auf den menschlichen Körper in verschiedene Bereiche eingeteilt werden:

Einteilung der Höhenlagen nach den physiologischen Reaktionen

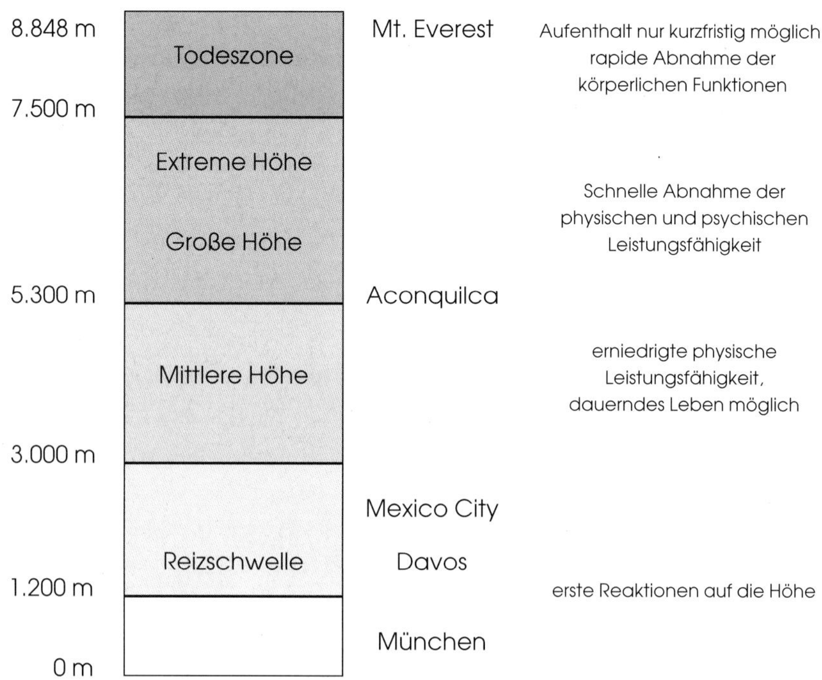

Basislager am Shivling (6.543 m, Garhwal Himal/Indien) auf 4.400 m

Zwischen 0 und etwa 1.200 m liegt die sog. Indifferenzzone, in der die körperliche Leistungsfähigkeit relativ uneingeschränkt vorhanden ist und keine größeren Reaktionen des Organismus auf die Höhe zu beobachten sind.

Ab etwa 1.200 m, der sogenannten Reizschwelle, beginnt der menschliche Körper deutlich auf den »Reiz« Höhe zu reagieren.

Schon in der »Mittleren Höhe« ab etwa 3.000 m kann es zu ernsten Störungen der Gesundheit kommen. Nach einer angemessenen Anpassungszeit ist jedoch eine gute Kompensation möglich. Die Leistungsfähigkeit ist durch den geringeren Sauerstoffpartialdruck erniedrigt. Um 5.300 m liegen die höchsten, dauernd bewohnten Siedlungen in den südamerikanischen Anden bzw. die höchstgelegenen Klöster und Einsiedeleien in Tibet.

In Höhenlagen über 5.300 m (große Höhen) ist eine dauerhafte Anpassung nicht mehr möglich, ein langsamer Abbau der körperlichen Reserven setzt ein.

Höhen ab 6.500 m werden als extreme Höhe, Höhen ab 7.500 m als die sogenannte Todeszone bezeichnet, in der ein Aufenthalt ohne Schäden nur sehr kurze Zeit möglich ist.

1.3 ...und wie der Körper reagiert

»Als Bergsteiger habt ihr ja mehr rote Blutkörperchen, die euch in der Höhe leistungsfähiger machen.«

Lange war die Lehrmeinung, daß die Vermehrung der roten Blutkörperchen die entscheidende Reaktion des Körpers sei, die das Ersteigen hoher Berge ermöglicht. Heute wissen wir, daß der wichtigste Mechanismus, der uns in der Höhe einigermaßen leistungsfähig erhält, die Veränderungen in der Steuerung der Atmung sind. Weiterhin ist auch bekannt, daß diese Anpassungsvorgänge nach der Rückkehr ins Tiefland auch wieder sehr schnell verschwinden. Je nach der Zeit, die dem Körper zur Anpassung gegeben wird, der individuellen Reaktion und der absolut erreichten Höhenlage kann es dann zur Anpassung, zu Störungen oder zum kontinuierlichen Leistungsverfall kommen.

Drei hauptsächliche Kompensationsmechanismen des Körpers auf das verringerte Sauerstoffangebot in der Höhe sind entscheidend, um überhaupt Leistung erbringen zu können:

1) Die Hyperventilation (= gesteigerte Atmung) mit der vermehrten Sauerstoffaufnahme stellt die wichtigste Reaktion dar.
2) Weit dahinter rangieren die verbesserte Sauerstofftransportfähigkeit durch die Erhöhung der roten Blutkörperchen und
3) die erhöhte Sauerstoffausschöpfung in den Zellen.

Versucht man das plastisch darzustellen, so würde ein Bergsteiger durch die Reaktion des Atemzentrums etwa 2.000 bis 2.500 Höhenmeter gewinnen, durch die Vermehrung der roten Blutkörperchen etwa 500 Meter. Nur sehr grob läßt sich der Gewinn bei den Anpassungsvorgängen durch die erhöhte Sauerstoffausschöpfung einschätzen, er dürfte zwischen 500 und 1.000 Meter liegen.

Die drei wichtigsten Anpassungsreaktionen im menschlichen Körper möchte ich genauer erklären:

1.3.1 Hyperventilation und erhöhte Sauerstoffaufnahme

Am besten kann man sich die Reaktionen des Körpers auf das mangelnde Sauerstoffangebot (besser: den gesunkenen Sauerstoffpartialdruck) bei akuten Vorgängen klar machen: Würde in einem Flugzeug auf etwa 10.000 m Höhe ein Druckabfall durch ein Leck entstehen, bliebe dem Passagier ohne Sauerstoffmaske nur eine Minute Zeit, bis er das Bewußtsein verliert.

WISSEN

Zeitreserve in Sekunden, die einer Person, die einem akuten Sauerstoffmangel ausgesetzt ist, bis zur Bewußtlosigkeit bleibt (Tabelle nach Ruff-Strughold 1957)

Höhe in Meter	7.000	8.000	9.000	10.000	15.000
Zeit in Sek.	300	180	90	60	10

Der Kreislauf des Sauerstoffs im menschlichen Körper ist faszinierend: Sauerstoff wird mit dem jeweils herrschenden Druck über die Atemwege Mund – Kehlkopf – Luftröhre – Bronchien – Lungenbläschen aufgenommen. Durch das Druckgefälle diffundiert der Sauerstoff durch die Alveolarwand in Kapillaren – hier besteht ein Partialdruck von 100 mmHg. Über das arterielle Gefäßsystem wird der Sauerstoff zu sämtlichen Körperzellen transportiert, in den Endkapillaren herrscht ein Druck von 35 bis 45 mmHg, mit dem der Sauerstoff in die Zellen diffundiert.

Mit dem Aufstieg in die Höhe sinken diese Druckparameter durch die Abnahme des Sauerstoffpartialdrucks in der Außenluft kontinuierlich ab. Das bedeutet, daß die Zellen immer weniger mit Sauerstoff versorgt werden.

Keine Gewebeart kann längere Zeit ohne Sauerstoff überleben, denn er wird in den Mitochondrien als Brennstoff benötigt. Die kürzesten Toleranzzeiten haben Gehirnzellen, während Muskelzellen relativ unempfindlich sind. Zellen des menschlichen Gehirns können nur etwa 8 Minuten ohne Sauerstoff auskommen, ohne unwiderruflich zerstört zu werden. Das gibt uns einen ersten Hinweis darauf, wie empfindlich das Gehirn auf Störungen der Sauerstoffversorgung in der Höhe reagieren wird.

Zurück zu dem gesunkenen Sauerstoffpartialdruck in der Höhe. Besäße der Körper nicht die Fähigkeit, auf den Sauerstoffmangel zu reagieren, wäre nur etwa eine Höhe bis 5.000 m erreichbar, ohne die Versorgung der Gehirnzellen zu gefährden.

Dies hätte zur Folge, daß der Mensch in diesen Höhen bewußtlos werden würde.

Bei einem langsamen Druckabfall, wie er beim Bergsteigen in der Höhe vorkommt, kann der Körper durch Anpassungsvorgänge den sinkenden Sauerstoffpartialdruck ausgleichen. Die erste Reaktion ist eine vertiefte und gesteigerte Atmung. Damit wird über das Atemminutenvolumen mehr Sauerstoff pro Minute aufgenommen. Noch wichtiger ist, daß durch Steigerung der Atemtiefe das Stoffwech-

Weg des Sauerstoffs von der Lunge über das Blutsystem und die Abatmung des Stoffwechselendproduktes CO_2

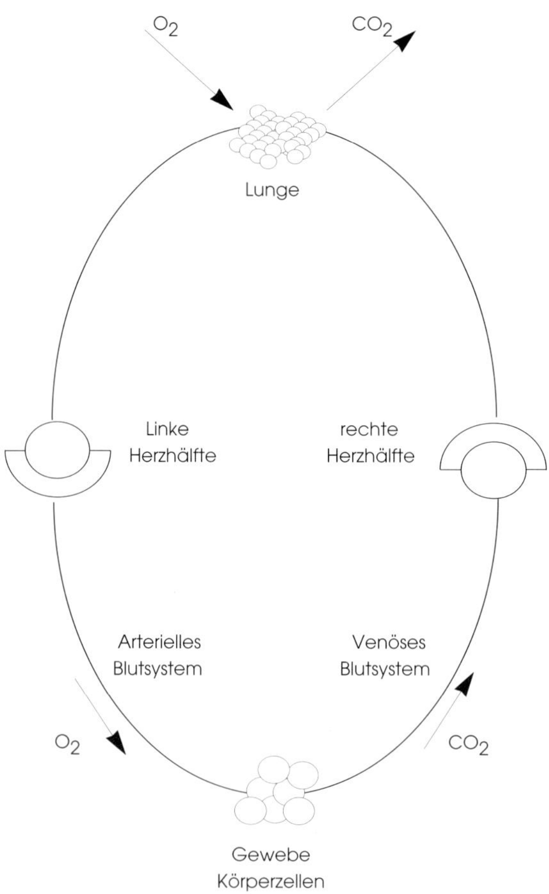

Lungenbläschen mit begleitendem Blutgefäß:
hier findet der Austausch der Gase (O_2 und CO_2) statt

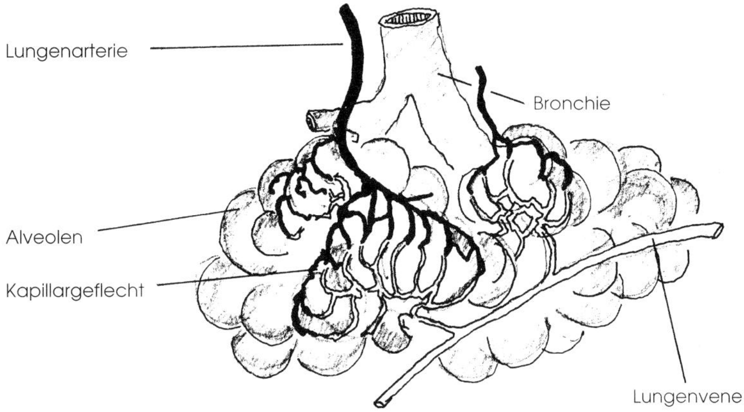

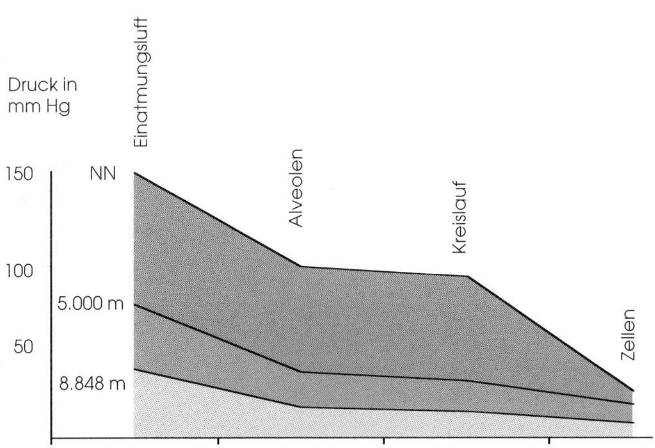

Die sogenannte »Sauerstoffkaskade«, d.h. die Abnahme des Sauerstoffdrucks von der Einatmungsluft über Alveolen, Blutgefäße bis zu den Zellen.

Die drei Kurven geben den Druck des Sauerstoffs auf Meereshöhe, auf 5.000 m und auf Everesthöhe (8.848 m) an.
Auf Everesthöhe nähert sich der Wert des Sauerstoffdrucks mit etwa 28mm Hg den Grenzwerten, unter denen eine Zellfunktion überhaupt noch möglich ist.
(Daten nach Hurtado1964; Luft 1972 und West 1984)

sel-Endprodukt CO_2 vermehrt aus den Lungenbläschen abgeatmet wird. Damit kann im gleichen Maße der Sauerstoffpartialdruck in den Alveolen ansteigen, und es steht wieder mehr Sauerstoff zur Verfügung.

Wie aber zeigt der Körper den gestiegenen Sauerstoffbedarf an?

Ein Techniker würde wohl sagen: über Sauerstoffrezeptoren. Die Evolution und die Natur machten hier aber Umwege, da anscheinend ein Dasein auf größerer Höhe nicht »einkalkuliert« ist: In der Halsschlagader liegen eine Anzahl von Rezeptoren, die dem Gehirn den Druck des Kohlendioxids (CO_2) im Blut melden. Es wird also nicht der Sauerstoffpartialdruck gemessen, sondern über den Umweg CO_2-Druck wird der Bedarf unter Normalbedingungen dem Gehirn gemeldet. Sauerstoff und das aus der Zelle abgegebene Kohlendioxid stehen zwar in einem direkten Zusammenhang, mit dem Höhenaufstieg jedoch funktioniert dieses System nicht mehr hundertprozentig, da in der Höhe der CO_2-Druck nicht automatisch steigt. Somit fehlt der direkte Atemantrieb. In der Höhe erfolgt die Atemsteigerung über die geringere Sättigung des arteriellen Blutes mit Sauerstoff. Der Atemantrieb über die Messung des CO_2-Drucks muß erst in den folgenden Tagen und Wochen auf die neue Situation, eben auf die verringerte Konzentration des Kohlendioxids im Blut eingestellt werden. Die Hyperventilation ist also die erste Maßnahme des Körpers, durch sie wird vermehrt Kohlendioxid abgeatmet, was wiederum zur Erhöhung des Sauerstoffgehalts in den Lungenbläschen führt.

Die Hyperventilation mit dem Abatmen von CO_2 führt zu einer geringeren Sensibilität des Atemantriebs, da – wie oben erwähnt – zuerst die Atmung über die Kohlendioxidspannung reguliert wird. Mit längerem Höhenaufenthalt wird das Atemzentrum im Stammhirn über einen Regelmechanismus wieder auf die neuen Normwerte eingestellt.

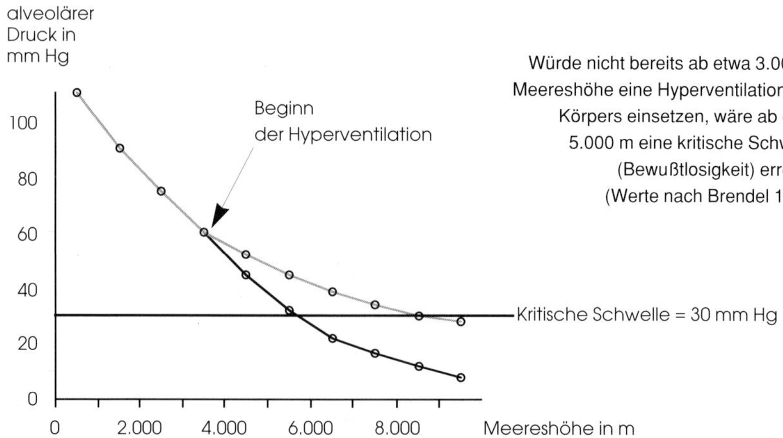

Würde nicht bereits ab etwa 3.000 m Meereshöhe eine Hyperventilation des Körpers einsetzen, wäre ab etwa 5.000 m eine kritische Schwelle (Bewußtlosigkeit) erreicht (Werte nach Brendel 1965)

Blut, wie auch andere Flüssigkeiten im Körper, benötigen einen ganz bestimmten pH-Wert, damit alle enzymatischen Abläufe optimal funktionieren. Dieser pH-Wert beträgt im Blut 7,36 – 7,44. Verschiedene Puffersysteme (Bicarbonat-, Phoshat-, Eiweißpuffer) halten den pH-Wert sehr konstant. Verschiebungen, wie sie beispielsweise bei körperlicher Anstrengung durch die Milchsäure entstehen, werden durch die Abpufferung stabilisiert.

Großen Einfluß hat das Stoffwechsel-Endprodukt Kohlendioxid (CO_2) auf den Säuren-Basenhaushalt. CO_2 ist ein Gas, das im flüssigen Medium leicht in Kohlensäure ($CO_2 + H_2O = H_2CO_3$) übergeht. Durch die Hyperventilation in der Höhe geht ein Großteil dieser Säure über die Atmung als CO_2 verloren. Hier springt die Niere als regulierendes Organ ein und scheidet einen weniger sauren Urin aus. Das Atemzentrum wird so in seiner Empfindlichkeit, der neuen Situation mit einem geringeren Kohlendioxidgehalt entsprechend, nachgestellt. In diesen Ablauf greift auch das Medikament Diamox ein (siehe Kapitel Medikamente). Man sieht hier deutlich, welche komplexen Vorgänge im Körper ablaufen und wie die verschiedenen Organsysteme Atmung – Blut – Niere optimal zusammenarbeiten müssen, um die lebensnotwendigen Reaktionen auf die Umwelt zu steuern.

Insgesamt dauert es Wochen, bis es zu dieser »Nachstellung« des Atemzentrums kommt. Optimale Werte sind in der Höhe (die Untersuchungen wurden auf 5.300 m durchgeführt) nach etwa 7 Wochen Aufenthalt erreicht. Es scheint der wichtigste und leistungsfähigste Mechanismus zu sein, der unseren Körper an die Höhe anpaßt.

Eine berechtigte Frage ist, ob nicht mit einer weiteren Hyperventilation eine noch größere Sauerstoffaufnahme zu erreichen ist, wie es z.B. Taucher kurz vor dem Tauchgang versuchen, indem sie hyperventilieren. Ein zu großer Verlust von CO_2 verringert die Kohlensäurespannung im Gehirn und vermindert seine Durchblutung, was zu Schwindel und Ohnmacht führt (»Schwimmbad black-out«). Somit ist der regulatorischen Steigerung der Atmung selbst durch das CO_2 eine Grenze gesetzt.

1.3.2 Erhöhung der Sauerstofftransportfähigkeit

Als Alarmreaktion auf den sinkenden O_2-Druck steigt die Herzfrequenz an. Diese Steigerung des Pulses kennen wir auch vom Sport. Beispielsweise steigt kurz nach Beginn des Laufens schnell die Frequenz, um den steigenden Sauerstoffbedarf der Muskulatur zu decken. Vergleicht man den gehobenen Sauerstoffbedarf beim Einsetzen der sportlichen Leistung mit dem Aufstieg in die Höhe, so ist klar, daß allein mit einer Steigerung der Pulsfrequenz keine Höchstleistungen zu erzielen sind. Andere Organsysteme und Vorgänge in den Zellen (vertiefte Atmung, vermehrte Durchblutung der Muskulatur, Erhöhung der Glykogenspeicherung, Optimierung der Funktion der Mitochondrien usw) müssen durch Ökonomisierung Veränderungen erzielen, die energiegerechter und leistungsfähiger sind. So sinkt auch nach längerem Höhenaufenthalt mit einer dementsprechend guten Anpassung die Herzfrequenz wieder auf Normalwerte. Weiterhin wird die Durchblutung der Muskulatur gedrosselt, um wichtige Systeme – Herz, Lunge, Niere – zu unterstützen. Dies äußert sich in den ersten Tagen des Höhenaufenthalts mit einer muskulären Schwäche und Leistungsabfall.

Alarmreaktionen im Körper sind immer mit dem Sympatikus verbunden, dem Nervensystem, das den Organismus auf Leistung einstellt. Adrenalin wird ausgeschüttet, eine erste Reaktion, die bei Stress Vorteile bringt, auf längere Sicht jedoch Organe und Gefäßsystem belastet.

Die roten Blutkörperchen (Erythrozyten) übernehmen den Transport des Sauerstoffs von der Lunge zu den Körperzellen. Sauerstoff bindet sich in den Erythrozyten an das Hämoglobin (roter Blutfarbstoff). Bereits nach drei Wochen Höhenaufenthalt ist ein Anstieg der roten Blutkörperchen und des Hämoglobins meßbar. Durch den gesunkenen pO_2 schüttet die Niere vermehrt ein Hormon (Erythropoetin) aus, das im Knochenmark die Produktion der roten Blutkörperchen erhöht. Es kann so prozentual mehr Sauerstoff gebunden werden, was die Versorgung der Zellen verbessert.

1.3.3 Erhöhte Sauerstoffausnützung

Als Langzeitreaktion wird im Muskel die Durchblutung durch eine vermehrte Kapillarisierung erhöht. Kapillaren sind die kleinsten Blutgefäße mit Durchmessern kleiner als ein Haar, man nennt sie deswegen auch Haargefäße. Sauerstoff diffundiert durch die Kapillarwände in die einzelnen Muskelzellen. Verkleinert sich das Verhältnis von Kapillaren zu Muskelzellen, ergeben sich verbesserte Durchblutung und Sauerstoffversorgung.

Auch in den Zellen scheint es durch Vermehrung der Mitochondrien und Erhöhung ihrer Aktivität zu einer Verbesserung des Stoffwechsels zu kommen. Mitochondrien werden als die »Kraftwerke« der Zellen bezeichnet. Schätzungsweise nimmt durch eine längere Höhenanpassung die Energiegewinnung um 15% zu. Dies führt dazu, daß trotz des geringeren Sauerstoffpartialdrucks in den Zellen wieder genügend Adenosintriphosphat (=ATP; der wichtigste zelluläre Energiespeicher, über den alle energiegewinnenden Reaktionen ablaufen) zur Verfügung steht.

Myoglobin, ein dem Hämoglobin ähnliches Molekül, das Sauerstoff im Muskel speichern kann, ist nach Wochen des Höhenaufenthalts erhöht. Über Myoglobin kann in erster Linie die Energiebereitstellung im Muskel verbessert werden.

Reaktionen der Höhe auf den Organismus

	kurzfristig (0-7 Tage)	mittelfristig (1-12 Wochen)	langfristig (Monate-Jahre)
Herz			
Herzminutenvolumen	++	o	(–)
Herzfrequenz	++	o	(–)
Blutdruck	(+)	–	–
Herzkranzgefäße (Durchblutung)	(+)	–	–
Lunge			
Atemfrequenz	++	o	o
Vitalkapazität	++	+	+
Pulmonalarterien-Widerstand	+++	++	++
Sauerstoffsättigung (Kapillaren)	--	–	(–)
Blut, Enzyme und Hormone			
Erythrozyten	o	++	+
Erythropoetin	+	(+)	(+)
Myoglobin	o	+	+
Adrenalin	++	o	–
Muskulatur			
Kapillarisierung	o	+?	+
Faserdurchmesser	o	–	
Mitochondrien	o	+	+
Proteingehalt	o	–	

o = keine Reaktion
\+ = Erhöhung oder Verbesserung
– = Abnahme
? = Reaktion fraglich oder unbewiesen
(.) = Reaktion nur gering

2. Höhenstörungen

Beinahe alle Störungen oder Erkrankungen in der Höhe lassen sich auf die noch nicht optimale Einstellung des Körpers auf den gesunkenen Sauerstoffpartialdruck zurückführen. Ursache ist fast immer das zu schnelle Erreichen großer Höhen, an die wir nicht angepaßt sind. Zum anderen gibt es aber auch Höhen – wie wir im letzten Kapitel erfahren haben – an die sich der menschliche Organismus nicht mehr anpassen und auf denen der Mensch nur sehr kurze Zeit überleben kann.

Für diese gesundheitlichen Störungen in der Höhe gibt es eine ganze Anzahl unterschiedlicher Synonyme, die immer wieder ziemliche Verwirrung hervorrufen:

Höhenkrankheit oder Bergkrankheit sind akklimatisationsbedingte Höhenstörungen mit Kopfweh, Übelkeit, Schwäche usw.. Obwohl diese Beschwerden keine Krankheit darstellen, soll hier im Sinne einer allgemeinen Verständlichkeit der Begriff *Akute Höhenkrankheit (AHK)*, weil er sich inzwischen eingebürgert hat, beibehalten werden. Andere Ausdrücke, die dasselbe meinen, sind akute Höhenbeschwerden, Höhenanpassungsstörungen und Adaptionsschwierigkeiten. Auch im englischen Sprachgebrauch werden sie mit *sickness* oder *acute mountain sickness (AMS)* bezeichnet.

Ich habe hier alle Höhenstörungen, die in diesem Kapitel behandelt werden, mit ihren deutschen und englischen Termini aufgelistet, da vermehrt auch die englischen Namen oder Abkürzungen benützt werden. Die echten Erkrankungen in der Höhe sind das *Höhenlungenödem (HLÖ)* und das *Höhenhirnödem (HHÖ)*.

Das Risiko an ernsten, (lebensbedrohenden) höhenbedingten Störungen zu erkranken ist relativ gering (< 1%); häufiger sind Todesfälle durch Abstürze, Lawinen und Erschöpfung. Trotzdem bleiben nur wenige Bergsteiger von höhenbedingten gesundheitlichen Schwierigkeiten verschont.

WISSEN

Zusammenstellung der Störungen in der Höhe in den derzeitig gebräuchlichen deutschen und englischen Termini

Akute Höhenkrankheit (AHK)	*Acute Mountain Sickness (AMS)*
Höhenlungenödem (HLÖ)	*High Altitude Pulmonary Edema (HAPE)*
Höhenhirnödem (HHÖ)	*High Altitude Cerebral Edema (HACE)*
Periphere Ödeme	*High Altitude Localised Edema (HALE)*
Höhenbedingte Netzhautblutungen	*High Altitude Retinal Haemorrhage (HARG)*
Chronische Bergkrankheit	*Chronic Mountain Sickness (CMS, Monge´s Disease)*

◁
Alpamayo (5.947 m, Anden/Peru)

2.1 Akute Höhenkrankheit (AHK)

Nach mehreren Untersuchungen im Himalaya treten Symptome von Anpassungschwierigkeiten an die Höhe bei bis zu 75 % der Trekker auf. Auch eine Studie, die ich im Zusammenhang mit meiner Doktorarbeit machte, zeigte bei Trekkinggruppen, ähnliche Ergebnisse.

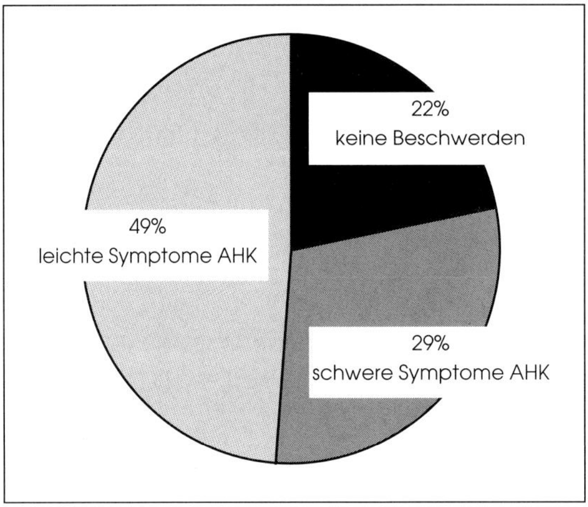

Von 175 Trekkern in Nepal waren nur 22% während des Höhenaufenthaltes beschwerdefrei und zeigten keinerlei Symptome. Als leichte AHK wurden die Fälle bezeichnet, die bis zu zwei Symptome aufwiesen. Wer mehr als zwei Symptome oder Symptome wie Schwindel, Erbrechen, Apathie und Übelkeit hatte, wurde der schweren AHK zugeordnet.

Das Problem bei der Akuten Höhenkrankheit ist die subjektive Einschätzung durch den Betroffenen und dem Fehlen objektiver, leicht zu messender medizinischer Parameter. Für den einen stellen Kopfschmerzen in der Höhe kaum eine Beeinträchtigung dar, daran ist er vielleicht schon durch frühere Höhenaufenthalte gewöhnt und weiß, daß sie am nächsten Tag verschwunden sein können. Für einen anderen können ähnliche Beschwerden zu unangenehmen Leistungseinbußen führen.

Hackett, ein bekannter amerikanischer Höhenmediziner, hat eine Einteilung eingeführt, um die Symptome der »acute mountain sickness« besser einschätzen und nach ihrer Schwere differenzieren zu können. Zu den schweren Symptomen zählt er Kopfschmerzen, die durch Aspirin nicht zu beheben sind, sowie die zerebralen Symptome Übelkeit, Schwindel, Erbrechen und Teilnahmslosigkeit.

Die Einteilung in »leichte« und »schwere« Symptome der AHK so wichtig, da die schweren Symptome ernste Warnsignale sind, bei denen nicht weiter abgewartet werden darf, sondern zum Erreichen einer ausreichenden Klimatisierung abgestiegen werden muß.

Als das häufigste Symptom werden Kopfschmerzen angegeben. Sie reichen von leichten Schläfenkopfschmerzen zu schwersten, medikamentös nicht zu behandelden Schmerzen. Weitere Beschwerden sind nach der Häufigkeit Kurzatmigkeit, Schlaflosigkeit, Appetitlosigkeit, Schwäche, Übelkeit, Schwindel, Erbrechen, Teilnahmslosigkeit.

Symptome der Akuten Höhenkrankheit (AHK) nach ihrer Häufigkeit in %

Untersuchungen an insgesamt 175 Himalayatrekkern

leichte Symptome		schwere Symptome	
Kopfweh	72%	Übelkeit	18%
Kurzatmigkeit	52%	Schwindel	17%
Schlaflosigkeit	48%	Erbrechen	12%
Appetitlosigkeit	46%	Teilnahmslosigkeit	12%
Schwäche	38%	Übelkeit	12%
Husten	18%	Angst	9%
periphere Ödeme	18%		

Man hat festgestellt, daß zwischen den Geschlechtern keine Unterschiede in der Häufigkeit der AHK bestehen. Auch der Trainingszustand scheint keine Rolle zu spielen. Kinder und Jugendliche reagieren empfindlicher auf die Höhe, ältere Bergsteiger scheinen nach unserer Untersuchung weniger häufig betroffen zu sein, was mit der »Höhenerfahrung« zusammenhängen kann, weil sie ihre körperlichen Reaktionen besser kennen. Jedoch neigen Personen, die schon einmal an einer schweren AHK litten, eher dazu, wieder akute Höhenbeschwerden zu bekommen. Personen mit häufigen Kopfschmerzen unter Normalbedingungen sind öfter von der AHK betroffen.

Meistens beginnen die Störungen in einer Höhe um 3.000 bis 4.500 m, wobei je nach Aufstiegsgeschwindigkeit und anderen Umständen bereits ab 2.500 m Symptome auftreten können. Die Untersuchung ergab, daß bei den meisten Bergsteigern (78 %) die Symptome nach 3 Tagen wieder verschwunden waren. Von den restlichen 22 % mit einer Beschwerdedauer von über 3 Tagen mußten fast alle ihre geplante Tour abbrechen.

Aus diesen Daten ist zu lernen: Falls die Symptome der AHK länger als ein bis zwei Tage anhalten, muß etwas unternommen werden (z.B. Abstieg, kein weiterer Aufstieg, Ruhetag), um nicht das Ziel der Unternehmung zu gefährden.

Das psychologische Problem, mit dem viele Bergsteiger nicht zurechtkommen, ist die Tatsache, daß der Einfluß der Höhe bereits ab 3.000 m absolut unterschätzt wird. Viele der Bergsteiger kommen mit Westalpenerfahrung – also mit Höhen bis nahe an die 5.000 m – in die hohen Berge. Damit meinen sie, auch für die Höhen, auf denen sich die Trekkingtouren bewegen, hinreichend gewappnet zu sein. Der Unterschied liegt jedoch darin, daß nicht nur ein oder eineinhalb Tage in größeren Höhen wie am Mt. Blanc (4.807 m) verbracht werden müssen, sondern viele Nächte. Entscheidend ist, daß nach einer Nacht in großer Höhe nicht wiederabgestiegen wird und somit die Symptome der AHK, die oft erst mit einer Latenz von 12 bis 24 Stunden auftreten, überdeckt werden. Immerhin sind auch in Europa schwerste Höhenstörungen und Todesfälle auf hochgelegenen Hütten (Capanna de Margherita auf der Signalkuppe 4.554 m, Refuge Vallot, 4.362 m) nachweisbar.

Ursache beinahe aller Störungen ist der zu schnelle Aufstieg in zu geringer Zeitspanne. Der Organismus hat dadurch keine Zeit, Kompensationsmechanismen gegen den gesunkenen Sauerstoffpartialdruck entwickeln zu können.

Aufbau des Basislagers (5.300 m) an der Shisha Pangma
Der Anmarsch erfolgte hier innerhalb weniger Tage mit Lastern und stellt so keine optimale Voraussetzung für eine gute Akklimatisation dar.

Bei vielen Bergsteigern, die an Höhenbeschwerden litten, fanden sich drei zentrale Symptome: Eine *verminderte Atmung* (Hypoventilation), eine *Ödembereitschaft* (Ödem ist der medizinische Ausdruck für eine diffuse Flüssigkeitsansammlung in einem Gewebe) und eine *eingeschränkte Harnbildung* (Oligurie).

Wir wissen bereits, daß die erste Reaktion des Organismus auf die Höhe eine Hyperventilation sein sollte. Dabei wird reaktiv der Sauerstoffpartialdruck durch Abatmen von CO_2 erhöht. Man hat nun festgestellt, daß bei Bergsteigern mit Symptomen akuter Akklimatisationsstörungen diese Hyperventilation nicht so stark ausgeprägt ist, wie bei Bergsteigern ohne Symptome. Das heißt also, die ersteren können auf den gesunkenen Sauerstoffpartialdruck in der Einatemluft nicht adaequat und schnell reagieren. Die Folge davon ist eine relative Untersättigung des Blutes mit Sauerstoff. Der Sauerstoffmangel führt zu Schädigungen der Kapillaren und Membranen, was wiederum den Wasseraustritt ermöglicht – es kommt zum Ödem. Es scheint, daß in der Höhe eine allgemeine Ödemneigung besteht. So können in der Höhe das Lungengewebe, das Gehirn oder auch die Haut und das Unterhautgewebe (periphere Ödeme) betroffen sein. Periphere Ödeme finden sich meist im Gesicht – besonders gut an den Wangen oder an den Tränensäcken zu sehen –

oder am Handrücken und an den Knöcheln.

Als drittes Symptom findet man bei Bergsteigern mit AHK einen Harnverhalt (Oligurie), das heißt, es wird weniger Urin pro Tag als normal (Urinausscheidung unter Normalbedingungen etwa 1,5 l) ausgeschieden. Häufig entwickeln viele Bergsteiger ohne Symptome oder auch gut angepaßte Bergsteiger in der Höhe eine sog. Polyurie (das heißt, es wird mehr Harn als gewöhnlich ausgeschieden). So ist die Oligurie oft ein wichtiges, sehr sensibles Symptom für fehlende Akklimatisation.

Kopfschmerzen als weiteres wichtiges Symptom können ihre Ursache in Flüssigkeitsverschiebungen haben, die zu einem gesteigerten Hirndruck führen (gesteigerter Hirndruck entspricht nicht gleich einem Höhenhirnödem, das sehr selten und meist nur in extremer Höhe vorkommt).

Viele der Kopfschmerzen sind nicht behandlungsbedürftig und verschwinden meist nach wenigen Stunden oder einem Tag in der Höhe. Dennoch sind sie immer ein Anzeichen dafür, daß eine optimale Akklimatisationsstufe noch nicht erreicht ist. Deshalb sollte man seine eigenen körperlichen Reaktionen weiter genau beobachten. Echte Warnsignale sind Kopfschmerzen, die über längere Zeit (länger als 24 Std.) anhalten, »rasende« Kopfschmerzen oder Kopfschmerzen, die mit Aspirin nicht zu behandeln sind. Noch kritischer wird es, wenn weitere Symptome wie Übelkeit, Erbrechen, Sehschwierigkeiten und Benommenheit hinzukommen. Diese Beschwerden dürfen dann nicht mit weiteren Medikamenten maskiert werden, sondern die Therapie muß in einem Abstieg von 300 bis 500 Höhenmeter bestehen.

THERAPIE

Kopfschmerzen Therapie

leichte Kopfschmerzen mit Aspirin behandeln
stellt sich keine Verbesserung ein, Ruhetag einlegen
reagieren die Schmerzen nicht auf die Tablette und
sind sie am nächsten Tag unverändert oder sogar noch stärker,
muß man unbedingt absteigen

Viele Bergsteiger klagen in den ersten Tagen über *Schlaflosigkeit.* Oft ist die Schlaflosigkeit durch Atemstörungen bedingt, die eine Art Angstgefühl bewirken und das Einschlafen nicht zulassen. Häufigste Störungsform ist die sog. *Cheyne-Stoke-Atmung*, eine periodisch zu- und abnehmende Atmung mit dem Gefühl, ein Durchatmen sei unmöglich. Dazwischen können längere Atempausen liegen, was nicht selten auch den Zeltpartner stark irritiert. Ursache ist die noch mangelnde Einstellung des Atemzentrums auf den Sauerstoffmangel. Darüber hinaus ist die Sauerstoffsättigung nachts schlechter als tagsüber. Diese nächtlichen Atemschwierigkeiten halten meist jedoch nur zwei bis drei Tage an, bis das Atemzentrum reagiert. Schlafmittel sind mit Vorsicht zu genießen, da bei Einnahme als Nebenwirkung ein weiterer Abfall der Sauerstoffsättigung auftritt. Bewährt haben sich Einschlafmittel, die nur kurz wirken.

THERAPIE

Einschlafstörungen Therapie

eine etwas erhöhte Lagerung beim Schlafen
eventuell leichtes Einschlafmittel
notfalls durch Acetazolamid
bewußt ruhiges, gleichmäßiges Atmen

Appetitlosigkeit ist ein häufiges Symptom während der ersten Tage auf größerer Höhe, bedingt durch ein unterschwelliges Übelkeitsgefühl oder Verdauungsstörungen. Appetitlosigkeit muß nicht sofort behandelt werden, außer man kann überhaupt nichts mehr zu sich nehmen. Dann aber liegen ernste Akklimatisationsbeschwerden vor, die auf dieser Höhe nicht mehr zu behandeln sind und man sollte absteigen. Ist die Appetitlosigkeit durch ein Völlegefühl oder durch Blähungen bedingt, helfen in der Regel pflanzliche oder enzymatische Präparate. Schwere Darminfektionen mit Durchfällen sind normalerweise in größeren Höhen schwierig zu behandeln, außerdem sind Erholungsmöglichkeit und Rekonvaleszenz erschwert (siehe Kapitel ERKRANKUNGEN UND VERLETZUNGEN, 6.2 Durchfälle).

Periphere Ödeme findet man meist an Fingern, Knöcheln und im Gesicht (Lid und Wangen), eine direkte Therapie ist nicht möglich. Eine genaue tägliche Überpüfung sollte jedoch durchgeführt werden – sie geben wie alle anderen Störungen Hinweise auf die noch nicht erreichte Akklimatisation. Beengende Kleidung oder zu straffe Rucksackriemen und enge Schuhe können die Symptome verschlechtern. Periphere Ödeme sollten bei sonstigem Wohlbefinden als Signal aufgefaßt werden, daß insgesamt eine vermehrte Ödembereitschaft besteht.

Typisches Gesichtsödem: man sieht die Schwellungen an den Wangen und Lidern

Starke Müdigkeit und Leistungsverlust sind durch Sauerstoffmangel in der Muskulatur bedingt. Der Organismus versucht zuerst die lebenswichtigen Organe bevorzugt mit Sauerstoff zu versorgen und drosselt die Durchblutung des Muskels.

Meist zeigt sich in der ersten Phase der Akklimatisation eine deutliche *Pulssteigerung*. Es ist jedoch schwierig, anhand der Pulsfrequenz das Stadium der Akklimatisation festzustellen, da einzelne Bergsteiger mit AHK durchaus noch normale Pulsfrequenzen aufweisen, während andere überschnell reagieren. Die individuelle Reaktionsschwankung ist hier enorm groß. Ist jedoch die Pulsfrequenz in Ruhe über 100 Schläge (bei Normalwerten von trainierten Bergsteigern bei 60–70 Schlägen) liegt ein schlechter Akklimatisationszustand vor. Dann ist es erfahrungsgemäß sinnlos, weiter aufzusteigen. Die Anzahl der Pulsschläge soll deutlich unter 90 Schlägen pro Minute liegen, am besten nicht mehr als 20% über der Normalpulsfrequenz.

Zu den *schweren Symptomen der Akuten Höhenkrankheit* gehören starke Kopfschmerzen und sogenannte zentrale neurologische Beschwerden. Ursache sind Verschiebungen von Flüssigkeiten durch die vom Sauerstoffmangel gestörten Membranen im Gehirn. Betroffen sind Gehirnteile, die auf den erhöhten Druck mit Funktionsstörungen wie Übelkeit, Sehstörungen, Wahrnehmungsschwierigkeiten oder Apathie reagieren. Treten diese ernsten Symptome auf, bedarf es einer sofortigen Reaktion.

Sämtliche Symptome können einzeln – wie meist die Kopfschmerzen – oder auch in allen möglichen Kombinationen vorkommen. Sollten sich zwei oder mehr

Behandlung eines höhenkranken Trägers

Symptome einstellen, insbesondere stärkste Kopfschmerzen, Leistungsschwäche, Müdigkeit oder die sog. schweren Symptome, ist man höhenkrank und kann auf keinen Fall weiter aufsteigen. Die einzige Lösung ist nun ein Abstieg um 300 bis 500 Höhenmeter, bzw. soweit, bis eine Besserung eintritt. In der Regel verschwinden viele Symptome nach dem Abstieg erstaunlich schnell.

THERAPIE

Therapie bei schweren Symptomen der AHK

Symptome nicht mit Medikamenten maskieren
so schnell wie möglich 300 bis 500 m oder mehr absteigen
in Einzelfällen kann vom Arzt Cortison gegeben werden
evtl. Überdrucksack

2.2 Höhenlungenödem (HLÖ)

Die häufigste echte Erkrankung in der Höhe ist das Höhenlungenödem. Man kennt in der Medizin Lungenödeme bei Herzerkrankungen (Herzinsuffizienz, Herzrythmusstörungen), bei denen sich Flüssigkeit durch den Rückstau im Herzen in den Lungenbläschen ansammelt. Das Höhenlungenödem hat andere Ursachen als das Ödem bei Herzerkrankungen. Deshalb waren auch lange Zeit die Therapiearten, die sonst angewendet werden, beim HLÖ erfolglos.

URSACHEN

Ursachen Höhenlungenödem

individuelle Anfälligkeit
Aufstiegsgeschwindigkeit zu hoch
zu hohe Schlafhöhe
Anstrengung bis zur Erschöpfung
zusätzliche Infektionen

Bei allen Personen erhöht sich in Höhen ab etwa 3.500 m der Druck im Lungenkreislauf. Unter Normalbedingungen beträgt er etwa 10 bis 15 mm Hg. Er steigt bei Bergsteigern, die erstmals in die Höhe aufsteigen, auf etwa 30 mm Hg und erreicht bei Bergsteigern mit einem Höhenlungenödem Werte um 60 mm Hg. Die Druckerhöhung führt daraufhin zum Übertritt von Blutplasma durch die geschädigte Membran in die Lungenbläschen. Die Sauerstoffaufnahme wird so behindert, daß es dann zu Atemnot und Atemrasseln kommt.

Aus Untersuchungen an einheimischen Personen in Peru und in Colorado wissen wir, daß an die Höhe angepaßte Personen nach einem längeren Aufenthalt auf Meereshöhe und einem schnellen Wiederaufstieg genauso ein Höhenlungenödem entwickeln können wie Bergsteiger bei einem Erstaufstieg. Kinder scheinen empfindlicher zu reagieren und entwickeln eher ein HLÖ als Erwachsene. Auch Training und gute körperliche Fitness sind kein Schutz. Dagegen gibt es Hinweise auf eine individuelle Bereitschaft zum HLÖ: Spitzenbergsteiger, die in den Alpen alle bekannten Touren durchstiegen haben, entwickeln dagegen im Himalaya in einer gewissen Höhe immer wieder ein HLÖ.

Das HLÖ ist nicht – wie oft geglaubt – auf außereuropäische Gebirge begrenzt. Bergsteiger entwickelten genauso häufig in den Westalpen ein Ödem, falls sie gezwungen sind, ohne genügende Anpassung eine Nacht im Biwak zu durchstehen. Sogar Todesfälle sind in Europa bekannt, doch ist die Gefahr wesentlich geringer, da die meisten Touren in den Westalpen nach einem oder eineinhalb Tagen abgeschlossen sind. Das HLÖ tritt häufig mit einer Latenzzeit von 12 bis 36 Stunden auf, nach einer Zeit also, in der bereits ein Großteil der Bergsteiger in den Westalpen wieder im Abstieg begriffen ist.

Häufig treffen jedoch mehrere zusätzliche Faktoren zusammen: so geht einem HLÖ oft eine bis zur Erschöpfung reichende körperliche Anstrengung (bei noch nicht voller Akklimatisation) oder eine Infektion der Atemwege voraus. Am häufigsten entsteht das HLÖ in Höhen zwischen 3.500 bis 5.000 m.

Meistens entwickelt sich ein Höhenlungenödem aus einer Akuten Höhenkrankheit, d.h. bereits Stunden oder Tage zuvor litten diese Personen beispielsweise an Kopfschmerzen, Müdigkeit, Schwäche usw.

Die Symptome eines HLÖ sind kaum zu übersehen: Neben einer starken Atemnot kommt es zu blauen Lippen und beim Ein- und Ausatmen zu Rasselgeräuschen – auch als »brodelnde Atmung« bezeichnet – die oft sogar mit dem bloßen Ohr (auch ohne Stethoskop) zu hören sind.

Die blauen Lippen (Zyanose) entstehen durch eine gestörte Sauerstoffaufnahme, die in den Lungenbläschen durch die Flüssigkeitsansammlung nicht mehr richtig funktioniert. So können die roten Blutkörperchen nicht mehr vollständig mit Sauerstoff beladen werden, unbeladenes Hämoglobin zeigt sich in den Schleimhäuten als Blaufärbung. In Lippen wie auch anderen Schleimhäuten liegen die Blutgefäße dicht unter der Oberfläche, weshalb diese mangelnde Sauerstoffsättigung dort am besten beobachtet werden kann. Die Rasselgeräusche sind durch die Flüssigkeit in den Alveolen bedingt. Die verminderte Sauerstoffauffnahme führt zu einer stark eingeschränkten Leistungsfähigkeit, oft bis zur Unmöglichkeit noch selbst absteigen zu können.

Symptome Höhenlungenödem

Atemnot
rasselndes Atemgeräusch
Husten, manchmal mit Auswurf
Beklemmungsgefühl
blauverfärbte Lippen
Erschöpfung, Abgeschlagenheit, Müdigkeit

SYMPTOME

Die Therapie besteht in einem sofortigen Abtransport um 500 Höhenmeter nach unten. Erstaunlich ist immer wieder, wie sich nach wenigen Höhenmetern, die abgestiegen werden, die Symptomatik oft sehr schnell bessert. Häufig tritt das HLÖ nachts oder in den frühen Morgenstunden auf, da nachts die Atmung abgeschwächt und die Sauerstoffaufnahme vermindert sind. Verzögert sich der Abtransport durch äußere Umstände (Nacht, Wetterbedingungen), kann durch Gabe von Sauerstoff (4 bis 6 Liter pro Minute) der Zustand zwar etwas verbessert werden, eine vollständige Genesung ist damit jedoch nicht möglich. Genausowenig an Therapie vermögen Medikamente wie Nifedipin oder Glyceriltrinitrat auf dieser Höhe. Sie können meist nur eine weitere Verschlechterung des Zustandes verhindern oder eine kurzfristige Verbesserung erreichen. Eine neue Möglichkeit der Behandlung bietet der Überdrucksack (siehe unten).

THERAPIE

Therapie Höhenlungenödem

Sauerstoffgabe (4 bis 6 Liter pro Minute)
Medikamente wie Nifedipin (10 bis 20 mg)
Überdrucksack
Abstieg bzw. Abtransport um mindestens 500 Höhenmeter nach unten
Erkrankten nie alleine lassen

Meiner Erfahrung nach entwickelt sich häufig auf der Grundlage eines HLÖ im Laufe der nächsten Tage eine Lungenentzündung. Symptome sind Fieber und ein deutlich sichtbarer verschlechterter Allgemeinzustand. Der Arzt kann mit dem Stethoskop zwischen einem HLÖ und einer Pneumonie gut unterscheiden. Pneumonie ist eine ernste Krankheit und bedarf der antibiotischen und schleimlösenden Behandlung. Die nächsten Tage entscheiden dann, ob die Bergtour überhaupt noch fortgesetzt werden kann – ärztliche Beratung und Aufsicht ist hier unbedingt nötig. Ein Wiederaufstieg ist nur nach voller Erholung und bei allerbester Gesundheit möglich. Prophylaktisch sollte man hier Diamox und Nifedipin (siehe Kapitel MEDIKAMENTE, 9.5 Medikamentöse Akklimatisationshilfen) geben.

TIP

Wiederaufstieg nach HLÖ

nur bei bester Gesundheit und ohne Symptome
Achtung auf Lungenentzündung
prophylaktisch Diamox (2x250mg/Tag bis zur Rückkehr)
prophylaktisch Nifedipin (3x20mg/Tag bis zur Rückkehr)

Der *Überdrucksack*, seit wenigen Jahren in Gebrauch, stellt eine neue und verblüffend einfache Art der Behandlung schwerer Formen der Höhenkrankheit dar.

Bisher bestand das Problem in der Herstellung eines Sackes, der vom Gewicht und Material her für einen Einsatz bei Expeditionen und Trekkingtouren geeignet war. Dies scheint mit den zwei auf dem Markt erhältlichen Konstruktionen (Certek Bag; Gamov Bag) gelöst zu sein: Die Überdrucksäcke sind mit etwa 220 cm Länge, 60 cm Höhe und einem Gewicht von 4,8 oder 6,8 kg relativ handlich. Das Prinzip basiert auf der Idee, daß der Erkrankte in einen luftdicht abgeschlossenen Raum gelegt wird, in dem durch Fußpumpen der Kammerinnendruck erhöht wird.

Alle 5 bis 10 Sekunden muß Frischluft dazugepumpt werden, um das abgeatmete Kohlendioxid zu ersetzen. Je nach System könnte beispielsweise, wenn der Sack auf Eversthöhe (8.848 m) eingesetzt würde, der herrschende Außendruck auf 5.050 m (Certek Bag) bzw. 6.100 m (Gamov Bag) erhöht werden. In praktischen Einsätzen haben sich bereits nach einer Stunde die Symptome bei schwer höhenkranken Personen deutlich gebessert. Die Anwendung des Überdrucksacks ersetzt jedoch nicht das Absteigen in tiefere Höhen nach der Erkrankung.

Basislager am Pumori (7.145 m, Everest-Gebiet/Nepal) auf etwa 5.000 m Höhe Behandlung eines Patienten mit einem Höhenlungenödem im Certek-Bag.

Medizinischer Sauerstoff sollte bei allen Unternehmungen in größeren Höhen mitgeführt werden. Probleme bereiten zum einen – falls die Sauerstofflaschen in Europa nicht ausgeliehen werden können – die hohen Anschaffungskosten und häufig der Transport im Flugzeug, da einige Fluggesellschaften Sauerstofflaschen in Passagierflugzeugen nicht zulassen. Sauerstoff kann jedoch auch in den Zielländern ausgeliehen werden. Leider gibt es dort oft Probleme mit der Wartung dieser

Geräte. Man sollte sich auf alle Fälle vor Beginn der Unternehmung mit dem richtigen Gebrauch der Geräte, Meßventile und Masken vertraut machen. Bei Leihflaschen ist es wichtig, den Füllungszustand, das Funktionieren der Ventile und die Meßvorrichtungen zu überprüfen. Jede vollständige Sauerstofflasche besteht aus dem Druckmesser (Manometer), dem Flußratenmesser und der Maske.

Bei Höhenlungenödem, Höhenhirnödem oder schweren Symptomen der Akuten Höhenkrankheit ist Sauerstoff, falls kein Überdrucksack vorhanden ist, die wirksamste und sicherste Behandlungsweise. Sauerstoff kann dann als kontinuierliche Gabe mit einer Flußrate von etwa 5 Liter pro Minute verabreicht oder als sogenannte Sauerstoffdusche in Intervallen gegeben werden.

Ein logistisches Problem bei den Expeditionen ist die Versorgung der Höhenlager mit Sauerstofflaschen: Oft ist das Basislager mit medizinischem Sauerstoff gut versorgt, der aber in den Hochlagern fehlt, in denen er in der Regel dringender benötigt wird. Zum einen steht der Transport des bergsteigerischen Materials im Vordergrund, zum anderen schleppt der Bergsteiger nicht gerne eine Sauerstofflasche im Rucksack, die dann noch dazu bei einem schnellen Rückzug oft vergessen wird. Gerade in den Höhenlagern ist bei Auftreten des akut lebensgefährlichen Höhenhirnödems Sauerstoff die einzige Rettung.

2.3 Höhenhirnödem (HHÖ)

Im Vergleich zum Höhenlungenödem tritt das Höhenhirnödem sehr viel seltener auf. Ist das Höhenlungenödem meist auf Höhen von 3.500 bis 5.000 m zu beobachten, tritt das Höhenhirnödem nur sehr selten in Höhen unter 5.000 m auf. Das Höhenhirnödem ist immer eine akut lebensbedrohende Erkrankung. Kann man den Betroffenen nicht sofort abtransportieren oder wird die Erkrankung verkannt, endet sie häufig mit dem Tod des Bergsteigers (laut Angaben in der Literatur beträgt die Sterblichkeitsrate über 40%).

Für die Diagnose schwierig ist dabei immer der fließende Übergang einer schweren AHK mit zentralen Symptomen und einem HHÖ. Oft entstehen Höhenhirnödeme nachts und sogar während des Schlafes.

Pathophysiologische Ursache scheint die durch die Hypoxie gesteigerte Hirndurchblutung zu sein. Ein allgemeines Ödem erhöht den Hirndruck und es kommt zu vereinzelten Blutungen und Thrombosen (Blutgerinseln).

Hauptsymptome sind starke, meist durch nichts zu beeinflussende Kopfschmerzen mit Apathie. Vorher zeigen sich oft über mehrere Tage Symptome der AHK.

Dabei findet man Verhaltensauffälligkeiten, irrationales Benehmen, Schläfrigkeit, Halluzinationen, Koordinationsschwierigkeiten oder Verwirrtheit. Der Arzt kann manchmal neurologische Symptome wie Taubheit einzelner Extremitäten, partielle Blindheit oder Unterschiede der Pupillengröße oder Pupillenreaktion feststellen.

Die Ausprägung der einzelnen Symptome läßt ein Abwarten in der jeweiligen Lage auf keinen Fall zu. Um das Leben zu retten, muß der Betroffene so schnell und so tief wie möglich abtransportiert werden. Zuerst muß Cortison (Dexamethason) intravenös (unter Umständen mehrmals), dann als Tabletten verabreicht werden. Sollte eine intravenöse Spritze nicht möglich sein, kann der Laie die Spritze in diesem lebensbedrohlichen Notfall auch intramuskulär geben. Cortison ist das wirksamste Medikament, um den Hirndruck zu senken. Sauerstoff sollte über eine Maske gegeben werden, gegen die Schmerzen kann Aspirin (auch Aspisol) oder Paracetamol helfen, auf Opiate oder Diazepam (Valium) muß wegen der zusätzlich zentralen Atemdämpfung verzichtet werden.

Symptome Höhenhirnödem

rasende Kopfschmerzen
psychische Veränderungen
neurologische Veränderungen
Koordinationsschwierigkeiten
Sprachstörungen
Apathie

SYMTPOME

Therapie Höhenhirnödem

Fortecortin 100 mg, zuerst intravenös (Monoampullen)
dann alle 6 Stunden 4 mg oral (Tabetten)
Sauerstoff
Abtransport

THERAPIE

Die meisten Symptome des Höhenhirnödems verschwinden in tieferen Lagen innerhalb weniger Tage, starke Kopfschmerzen bleiben erfahrungsgemäß oft noch über längere Zeit bestehen und sind schwer behandelbar (Aspisol oder Cortison). Die Diskussion über einen Wiederaufstieg mit Kopfschmerzen erübrigt sich, bei Beschwerdefreiheit kann der Betroffene nach etwa einer Woche wiederaufsteigen, Diamox sollte dann zur Prophylaxe eingenommen werden.

2.4 Netzhautblutungen

Diese erst in letzteren Jahren beobachteten Veränderungen der Netzhaut treten bei Höhenbergsteigern relativ häufig auf. Bei gezielten Untersuchungen der Augen fanden sich bei bis zu 10 % der Höhenbergsteiger Blutungen der Netzhaut.

Ursache sind wohl kleinere Thrombosen der Gefäße und Drucksteigerungen im Gehirn. Sie müssen nicht therapiert werden. Die Blutungen verschwinden von selbst innerhalb von etwa zwölf Wochen.

2.5 Erfrierungen

Manche werden sich wundern, daß Erfrierungen in dem Kapitel Höhenstörungen zu finden sind. Sind nicht Erfrierungen an Händen und Füßen schicksalhafte Vorkommnisse beim Bergsteigen, die eben durch die Kälte bedingt sind?

Dies ist für die meisten Erfrierungen, die sich Bergsteiger auf Expeditionen zuziehen, zu verneinen. Beispielsweise kommen in den innerasiatischen Hochebenen, in denen viele Nomadenvölker seit Jahrhunderten leben, Erfrierungen sehr selten vor.

Erste größere Erfahrungen mit Erfrierungen sammelten Ärzte in Europa im Ersten Weltkrieg an der Ostfront, 10 bis 15% der Truppen fielen durch Erfrierungen aus. Eine gefürchtete, häufige Komplikation war die Infektion mit buchstäblichem Abfaulen der erfrorenen Gliedmaßen. Mit der Einführung neuer und hervorragender Materialien für das Bergsteigen dürften Erfrierungen kaum mehr vorkommen. Daß es immer noch zu relativ häufigen Erfrierungen bei Expeditionen kommt, liegt nicht nur in der absoluten Kälte, sondern in komplizierten physiologischen Vorgängen in der Höhe. In den Schützengräben des Ersten Weltkriegs kam zur feuchten Kälte vor allem der schlechte Ernährungszustand der Soldaten hinzu.

Beim Bergsteigen in großen und extremen Höhen liegen die Gründe im Verlust von Körperflüssigkeit, gepaart mit der Unvernunft der Bergsteiger.

Flüssigkeitsverluste pro Tag in Höhen über 5.500 m bei starker körperlicher Anstrengung

Die Flüssigkeitsverluste in der Höhe sind durch mehrere Faktoren bedingt:

1) Luft, die in die Lungenbläschen gelangt, wird in den Atemwegen (Luftröhre, große und kleine Bronchien, Lungenbläschen) vollständig mit Wasserdampf gesättigt, um die Zellmembranen der Gewebe zu schützen. Trockene Luft würde die

Schleimhäute schädigen. Dieser Wasserdampf wird dem Körper über die Atmung entzogen. Unter Normalbedingungen ist die Einatemluft mit Wasserdampf gesättigt, in der Höhe ändert sich diese Sättigung durch den Abfall der Temperatur. Kalte Luft unter 0° Celsius enthält keinen Wasserdampf mehr, da das Wasser auskristallisiert ist. Unterschiede bestehen im Himalaya auch zwischen dem trockenen Nord- und dem feuchteren Südteil. Tibet, wie auch alle innerasiatischen Hochebenen sind durch ihre extrem trockene Luft bekannt. Lebensmittel halten sich beispielsweise dort länger als an anderen Orten.

2) Durch die Hyperventilation, die den Sauerstoffgehalt in den Alveolen erhöht, wird zusätzlich ein großer Teil des körpereigenen Wassers abgeatmet. Die Hyperventilation ist – wie wir bereits wissen – die Reaktion auf den tieferen Sauerstoffpartialdruck. Verstärkte Atmung und die höhere Atemfrequenz sind weiterhin durch die große körperliche Anstrengung bedingt.

3) Durch Schwitzen entstehen weitere Flüssigkeitsverluste.

4) Das Durstzentrum im Stammhirn scheint in höheren Höhen nicht mehr so gut zu funktionieren, daß sämtliche Flüssigkeitsverluste durch Trinken ausgeglichen werden können.

Ein medizinischer Parameter für die Flüssigkeitsverluste ist der Hämatokrit (fester Blutbestandteil an Zellen im Vergleich zum Blutplasma, unter Normalbedingungen etwa 45 %). Er kann unter Extrembedingungen bei Aufenthalten in großer Höhe bis über 70 % steigen. Mit dem Anstieg verändern sich die Fließeigenschaften (Viskosität) des Blutes, die Endstrombahnen mit den kleinsten Kapillaren werden nicht mehr optimal mit Sauerstoff versorgt. Außerdem kann es bei hohen Hämatokritwerten schneller zu Blutgerinnseln (Thrombosen) kommen.

Neben der absoluten Temperatur kann die Windgeschwindigkeit enorm an Körpertemperatur wegnehmen, da die warme Hülle, die den menschlichen Körper bei Windstille mit einer Dicke von 4 bis 9 mm umgibt, reduziert wird. Bei einer Windgeschwindigkeit von 20 m/sec entspricht eine Temperatur von – 20° Celsius einer tatsächlichen Temperatur von – 52° Celsius.

Äquivalente Temperaturverhältnisse (in Grad Celsius) bei unterschiedlichen Windgeschwindigkeiten (nach Erikson)

windstill	5m/s	10m/s	15m/s	20m/s
0°	-8°	-15°	-18°	-19°
-10°	-21°	-30°	-34°	-36°
-20°	-34°	-44°	-49°	-52°
-30°	-46°	-59°	-66°	-67°

Oft beobachtete Ursachen von Erfrierungen sind auch Feuchtigkeit (verschwitzte Socken und Innenschuhe, Handschuhe) und ein allgemein schlechter physischer Zustand durch Mangelernährung. Viele Bergsteiger sind in den Höhenlagern bereits so apathisch und müde, daß sie auf das aufwendige Schmelzen von Schnee zum Teekochen verzichten.

Bei der Entstehung von Erfrierungen ist zwischen dem eigentlichen Gefriervorgang und den Veränderungen im Gewebe bei der Wiedererwärmung zu unterscheiden: Bei Kälte schützt der Körper den Körperkern mit seinen lebenswichtigen Organen durch Verengung der peripheren Gefäße vor weiterer Auskühlung. Damit verringert sich das lokal zirkulierende Blutvolumen in den von der Kälte betroffenen Bereichen, es kommt zu einer Übersäuerung, dann durch die gestörte Zellenfunktion zum Ödem, schließlich zum Kollaps der Kapillaren und letztlich zur Auskristallisation der Zellflüssigkeit. Die Eiskristalle zerstören unwiderruflich die Zellstruktur. Beim Wiederauftauen entstehen thrombotische Veränderungen in den Blutgefäßen.

URSACHEN

Ursachen von Erfrierungen

Flüssigkeitsverluste mit Eindickung des Blutes
zu geringe Trinkmengen
schlechter körperlicher Zustand
verminderte Durchblutung durch Kälte und O_2-Mangel
Feuchtigkeit
Windgeschwindigkeit
Mentale Probleme

PROPHYLAXE

Prophylaxe Erfrierungen

trinken, trinken, trinken !
optimale Ausrüstung
exzellenter körperlicher Zustand
Vorsicht vor feuchten und verschwitzten Socken und Handschuhen
Beobachtung des Partners
Vorsicht bei Wind (siehe Tabelle vorne)

◁
Erfrierung 3. Grades mit Schwarzverfärbung nach ca. drei Wochen

▷
Erfrierung 3. Grades im Stadium der Mumifikation nach mehreren Wochen

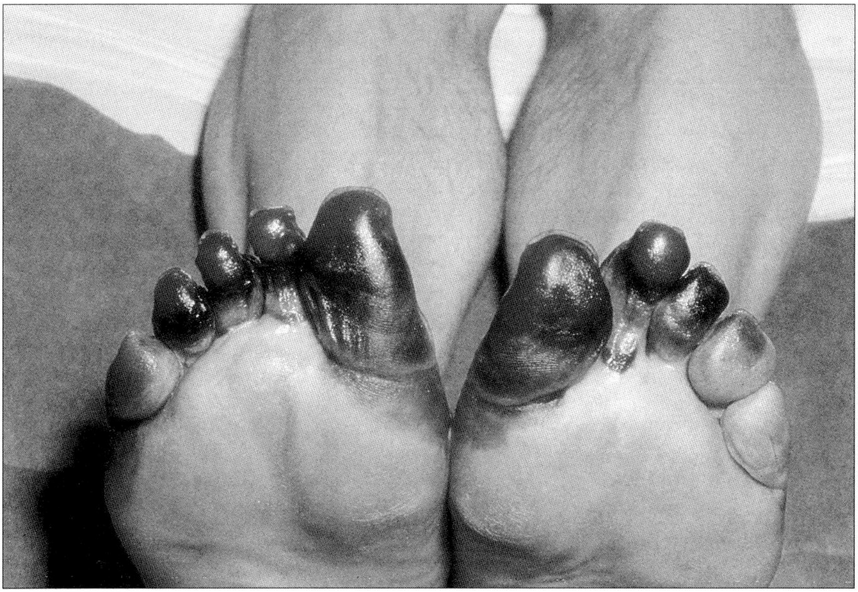

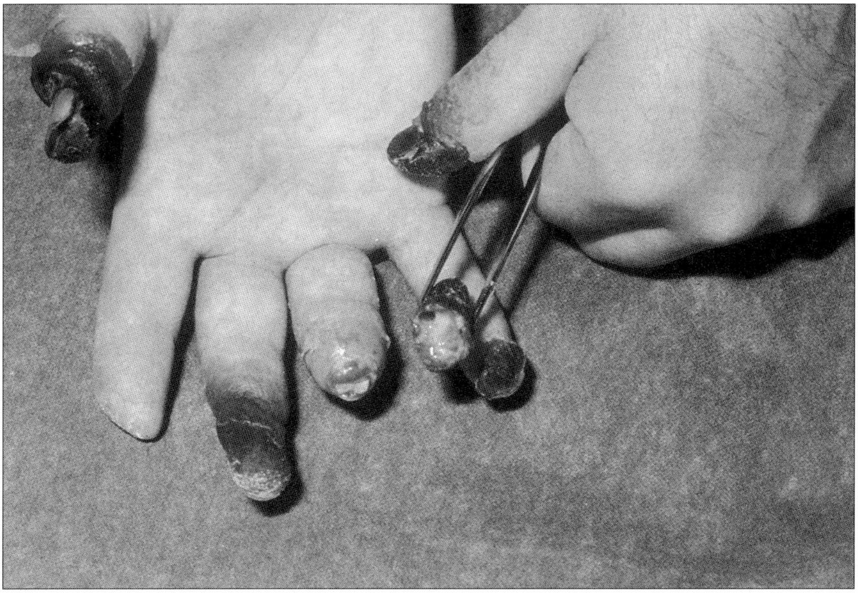

Erfrierung 2. Grades mit oberflächlicher Blasenbildung

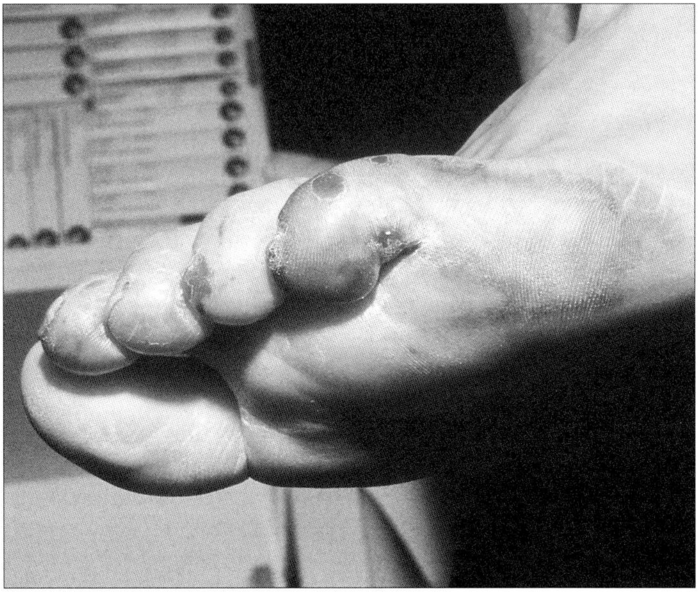

WISSEN

Einteilung der Erfrierungen und Symptome im Akutstadium, nach Wiedererwärmung und im Endstadium

	akut	nach Erwärmung	Endstadium
Erfrierung 1. Grades	weiß	gerötet	keine Gewebsverluste
Erfrierung 2. Grades oberflächlich	weiß, angefroren	Schwarzverfärbung nach wenigen Tagen	keine bis oberflächliche Gewebsverluste
Erfrierung 2. Grades tief	hartgefroren	Blasenbildung Schwarzverfärbung	oberflächliche Gewebsverluste, Größe erst nach Wochen feststellbar
Erfrierung 3. Grades	hartgefroren	blutgefüllte Blasen, Schwarzverfärbung nach wenigen Tagen	tiefe Gewebsverluste bis zum Knochen, Gliedmaßenverlust

Zu unterscheiden sind drei Schweregrade der lokalen Erfrierung, wobei es am Anfang einer Erfrierung oft schwierig zu entscheiden ist, ob die Erfrierung 2. oder 3. Grades ist. Bei steifen, eisigen und hartgefrorenen Extremitäten ist von einer zweitgradigen oder drittgradigen Erfrierung auszugehen – dies ist die einzig mögliche Unterscheidung im akuten Stadium zu Erfrierungen 1. Grades.

Erfrierungen 1. Grades sind auch in unseren Breiten beim Alpinskifahren recht häufig. Im Akutstadium erkennt man eine kalte weiße Extremität, Nase oder Ohren, die sich für den Betroffenen als taub anfühlen. Nach Erwärmung rötet sich die Haut, die Beschwerden mit Schmerzen und Taubheit bilden sich in wenigen Tagen wieder zurück.

Bei *Erfrierungen 2. Grades* finden sich nach der Wiedererwärmung von einer lokalen Schwellung bis zu mit klarer Flüssigkeit gefüllten Blasen sämtliche Stadien. In den nächsten Tagen bilden sich dann Haut- und eventuell Unterhautnekrosen (Nekrose ist das Absterben der Zellen, die bei Erfrierungen ähnlich wie bei einer Verbrennung mit einer Schwarzverfärbung einhergeht). Die Taubheit besteht meist über Wochen und Monate, es kommt aber zu einer meist vollen Wiederherstellung der erfrorenen Bezirke oder nur zu oberflächlichen Gewebsdefekten, die Kälteempfindlichkeit bleibt jedoch meist über Jahre erhalten.

Erfrierungen 3. Grades gehen immer mit schweren Verlusten an Gewebe einher (Haut, Unterhautfettgewebe, Muskulatur, Blutgefäße, Nerven, Knochen). Ein Verlust der betroffenen Extremitäten ist unvermeidbar. Die gesamte Behandlung erstreckt sich über viele Monate, eine gefürchtete Komplikation ist dabei die Infektion, die zu weiteren Gewebeverlusten führen kann.

Bei der Therapie von Erfrierungen sind sich die Experten darüber einig, was nicht getan werden darf, jedoch besteht keine absolute Übereinstimmung, wie der Einzelfall behandelt werden sollte.

Was darf man im Akutstadium **nicht** machen?

Bei echten Erfrierungen (sehr kalte und weiße Haut, fehlende Sensibilität oder gefrorene Gewebe) darf auf keinen Fall die Haut mit Schnee eingerieben und gerubbelt werden. Wegen der zusätzlich schädigenden Feuchtigkeit sollte man erfrorene Finger auch nicht in den Mund nehmen. Damit würden die erfrorenen Hautbezirke weiter mechanisch geschädigt werden. Auf keinen Fall erfrorene Extremitäten über der Flamme eines Kochers erwärmen, es kann bei der fehlenden Sensibilität zu Verbrennungen kommen. Rauchen verengt zusätzlich die Blutgefäße und drosselt die Versorgung. Gegen ein heißes Getränk mit etwas Rum ist aber nichts einzuwenden. Feuchte oder gefrorene Kleidungsstücke müssen ausgezogen oder, falls es schonender für die erfrorenen Bezirke ist, aufgeschnitten werden. Mit erfrorenen Zehen oder Füßen ist ein weiterer Abstieg unmöglich, der Betroffene sollte, wenn möglich, abtransportiert werden, da Gehen zu weiteren Gewebsverletzungen führt. Ein Wiedereinfrieren bereits geschädigter Bezirke führt zu dramatischen Gewebsverlusten. Leichtere Erfrierungen der Finger kann man im Zelt mit Wärmen unter den Achseln behandeln.

Ein Auftauen der tief erfrorenen Hautbezirke ist unter »Feldbedingungen« wie in Höhenlagern, schlecht eingerichteten Basislagern und der Abwesenheit eines Arztes kaum möglich. Das Auftauen im warmen Wasser ist eine höchst schmerzhafte Angelegenheit, in der in der Regel Morphine gegen die Schmerzen gegeben werden müssen. Außerdem bilden sich nach dem Auftauen Blasen, die mit klarer Flüssigkeit oder mit Blut gefüllt sind, ein weiterer Aufstieg ist schon aus diesem Grund nicht mehr möglich. Das bedeutet praktisch: Wenn man sich die Füße im Hochlager tief erfroren hat und ein Abtransport durch Kameraden unmöglich ist, sollte man lieber mit erfrorenen Füßen absteigen, als im Hochlager Therapie- und Auftauversuche zu unternehmen. Im Basislager muß dann im Einzelfall entschieden werden, ob bereits hier therapiert und abgewartet werden kann oder der Rücktransport durch Hubschrauber zu erfolgen hat. Es sei nochmals darauf hingewiesen, daß es für den Laien und auch den in Erfrierungen unerfahrenen Arzt sehr schwierig ist, im Akutstadium bereits zu unterscheiden, welcher Schweregrad von Erfrierungen vorliegt. Auch nach Tagen, wenn sich bereits betroffene Hautbezirke schwarz (Erfrierungen zweiten oder dritten Grades) verfärbt haben, ist die Unterscheidung zwischen oberflächlichen oder tiefen zweitgradigen und drittgradigen Erfrierungen nur sehr schwer möglich.

Unter guten Bedingungen kann im Basislager der Auftauvorgang durchgeführt werden. Vorbedingungen dazu sind starke Schmerzmittel, genügend sterile Verbandsmittel und die Möglichkeit, den Verletzten vom Basislager weg abtransportieren zu können, wenn die Füße betroffen sind.

THERAPIE

»Schnelle Erwärmung«

Gabe eines hochwirksamen Schmerzmittels (Morphin)
eventuell intravenöse, sehr langsame Gabe einer
gefäßerweiternden Substanz (Vasodilatator)
Auftauen in einem Wasserbad von 38 bis 40° Celsius über 30 Minuten
eventuelles vorsichtiges Eröffnen von Spannungsblasen
unter sterilen Bedingungen
nach dem Lufttrocknen der betroffenen Bezirke Anlegen von
sterilen, gut mit Watte gepolsterten Verbänden

Unter Experten hat es seit Jahren einen teilweise erbittert geführten Streit über die richtige Durchführung des Wiederauftauens gegeben. Campell, ein Arzt aus dem Engadin, vertrat 1932 die Therapie der langsamen Wiedererwärmung in einem Wasserbad mit Anfangs 10° Celsius und einer Erwärmung des Wassers über Stunden bis zu Körpertemperatur. Dr. Mills, ein Arzt aus Alaska mit der weltweit wohl größten Erfahrung mit schwersten Erfrierungen, vertrat 1964 das schnelle Auftauen im Wasserbad mit einer Temperatur von 37° bis 42° Celsius. Wie so oft schien der Mittelweg eine passable Lösung zu bieten, das »reasonable rewarming« (»vernünftiges Erwärmen«). Innerhalb einer halben Stunde wird dabei die

Temperatur der erfrorenen Extremität in einem Wasserbad von 10° auf 40° Celsius erhöht.

In den letzten Jahren zeigten jedoch wiederum Erfahrungen aus Alaska, der Schweiz und Frankreich, daß eine schnelle Erwärmung anscheinend die geringsten Gewebeverluste bei schweren Erfrierungen garantiert.

Erfolgt allerdings die erste Behandlung im Basislager, da ein schneller Abtransport per Hubschrauber oder Kameraden und Träger nicht möglich ist, ist zu diskutieren, ob man nicht das »reasonable rewarming« durchführt, da es weniger schmerzhaft ist und eine Schmerzbehandlung im Basislager nicht optimal durchgeführt werden kann:

»reasonable rewarming«

Gabe eines hochwirksamen Schmerzmittels (Morphin)
Erwärmung der erfrorenen Extremität innerhalb einer halben Stunde im Wasser mit steigenden Temperaturen von etwa 10° bis 37° Celsius
eventuelles vorsichtiges Eröffnen von Spannungsblasen unter sterilen Bedingungen
nach dem Lufttrocknen der betroffenen Bezirke Anlegen von sterilen, gut mit Watte gepolsterten Verbänden

THERAPIE

Meist stellt sich das Problem der Wiedererwärmung nur selten, da ein Großteil der Bergsteiger mit erfrorenen Extremitäten erst nach vielen Stunden oder Tagen ins Basislager zurückkehrt und dann ein Auftauen nicht mehr »notwendig« ist.

Kann jedoch im Optimalfall noch eine Erwärmung erfolgreich durchgeführt werden, dann muß in den folgenden Tagen in erster Linie eine Infektion durch die orale oder intravenöse Gabe eines Antibiotikums verhindert werden. Die Blasen müssen äußerst steril behandelt und zweimal täglich verbunden werden. Täglich müssen Bäder mit Zusatz eines antiseptisch wirkenden Mittels durchgeführt werden, besonders muß nach dem Bad auf gutes Trocknen der erfrorenen Körperteile geachtet werden (unter Klinikbedingungen haben wir sogar mit einem Fön getrocknet). Weiterhin kann der Arzt in den nächsten 7 bis 10 Tagen Infusionen mit durchblutungsfördernden Mitteln (Rheomakrodex® oder HAES ®) geben. Der Wert zusätzlicher Behandlung mit Arwin (einem aus Schlangengift hergestellten Mittel zur Hemmung der Blutgerinnung) ist wenig bewiesen, scheint aber die Entstehung blutgefüllter Blasen zu vermeiden und damit auch die Heilungstendenz zu verbessern. Bei ausgedehnten Erfrierungen solllte eine antithrombotische Prophylaxe mit einem Heparin durchgeführt werden.

Die weitere Behandlung bei tiefen Erfrierungen wird in den Heimatkrankenhäusern meist stationär verlaufen. Der Aufenthalt kann je nach Tiefe und Schwere der Erfrierung Monate dauern, da man vorzeitige Amputationen vermeiden will und eher auf die natürliche Abstoßung der erfrorenen Gliedmaßen warten sollte.

2.6 Chronische Höhenkrankheit

Eine eher seltene Erkrankung, die Bergsteiger nicht betrifft und hier nur der Ergänzung halber aufgeführt wird, ist die chronische Höhenkrankheit (CHK) oder nach dem Erstbeschreiber Dr. Monge im englischen Sprachgebrauch auch *Monge´s disease* genannt.

Interessanterweise kommt die chronische Höhenkrankheit fast ausschließlich in den südamerikanischen Anden und nur selten im Himalaya vor, so daß prädisponierende Faktoren der indianischen Bevölkerung oder äußere Einflüsse anzunehmen sind. Betroffen von der chronischen Bergkrankheit sind meist Männer im Alter zwischen 20 und 40 Jahren, selten Frauen und nie Kinder. Die direkten Ursachen der chronischen Bergkrankheit sind bisher noch weitgehend unklar. Eine Erklärung glaubt an den Zusammenhang mit den schweren Arbeitsbedingungen der Andenbewohner in den Minen. Die Symptome ähnlich der akuten Bergkrankheit und sind in erster Linie neuropsychischer Natur wie Kopfschmerzen, Übelkeit, Schläfrigkeit, aber auch Halluzinationen und Depressionen. Der stets erhöhte Hämatokritwert (Werte bis über 80 %!) und die erniedrigte arterielle Sauerstoffsättigung bedingen meist blaue Verfärbungen der Lippen und eine dunkle Hautfarbe.

Die Behandlung besteht im Abtransport in tiefere Lagen, nach kurzer Zeit bessern sich die Symptome. Aber beinahe alle Betroffenen, die gesund wieder in ihre Heimatdörfer und zu ihren Familien aufsteigen, entwickeln wiederum die chronische Bergkrankheit

WISSEN

Pulswerte, Hämatokrit, Hämoglobin und arterielle Sauerstoffsättigung mit Normalwerten, bei einem Patienten mit chronischer Höhenkrankheit auf 4.375 m und die Werte nach einem zweimonatigen Aufenthalt auf Meereshöhe. Zu beachten ist der drastische Anstieg des Hämatokrits (Werte nach Penaloza, 1971)

	Normalwerte	Chronische Bergkrankheit	2 Monate auf NN
Puls (Schläge/min)	70	112	65
Hämatokrit (%)	45	86	50
Hämoglobin (%)	15	23	17
Arterielle Sauerstoffsättigung (%)	98	66	98

In einer typischen Wellblechhütte am Ruwenzori

3. Vorbereitung

Um den reibungslosen Ablauf einer Tour zu gewährleisten, müssen viele organisatorische Punkte frühzeitig geplant werden, denn die Tour beginnt ja nicht erst mit dem Besteigen des Flugzeugs in Europa. Vor allem sollten mögliche medizinische Probleme rechtzeitig bedacht werden. Oft wird gerade die Apotheke zuletzt in aller Eile zusammengestellt, auch fehlen manchmal Informationen über spezielle medizinische Probleme.

3.1 Versicherungen

Die gesetzlichen Krankenkassen übernehmen in der Regel keine Behandlungskosten in Übersee, auch Privatkassen verlangen teilweise Zusatzgebühren. Es empfiehlt sich also, mit seiner Krankenkasse Verbindung aufzunehmen und im Falle der Nichtübernahme der Kosten eine *Auslandsreise-Krankenversicherung* abzuschließen.

Auch eventuelle Rettungskosten (Hubschrauberrettung, Ambulanzrückflug) sind zu bedenken, und man sollte abklären, ob ein Krankenrücktransport in die Auslandsreise-Krankenversicherung eingeschlossen ist. Ohne Versicherung, die auch den Rücktransport einschließt, sollte man keinen Urlaub antreten.

Außerdem gilt es zu bedenken, daß die Kosten einer medizinischen Behandlung vor Ort sofort bezahlt werden müssen.

3.2 Ärztliche Voruntersuchung

Die Untersuchung vor einer geplanten Tour beschränkt sich auf ein normales *hausärztliches Durchchecken.* Die wichtigsten Aufschlüsse gibt eine genaue Anamnese zurückliegender Erkrankungen.

Bei Bergsteigern, die ihren Sport leistungsmäßig durchführen oder an Expeditionen teilnehmen, sind diese normalen Untersuchungen für den Arzt eher Routine, weil meist ein hervorragender körperlicher und konditioneller Zustand vorherrscht.

Die körperliche Untersuchung sollte das *Abhören der Herztöne und der Lunge* umfassen. Laborchemisch kann eine *Blutsenkung* Aufschluß über entzündliche Prozesse geben, ein *kleines Blutbild* mit Bestimmung des *Hämoglobinwertes* ist ebenso wie ein *Urinstatus* wenig aufwendig, aber nützlich. Weitere apparative Untersuchungen wie EKG, Lungenaufnahme, Belastungs-EKG oder Bestimmung der maximalen Sauerstoffaufnahme sind bei normal leistungsfähigen Bergsteigern überflüssig und bringen keine wesentlich neuen Erkenntnisse. Untersuchungen an Expeditionsbergsteigern, darunter vielen absoluten Spitzenbergsteigern, brachten in Bezug auf Laborparameter, Lungenfunktion, aerobe Leistungsfähigkeit und ma-

◁
Point John (4.883 m, Mt. Kenya-Gebiet/Kenia) mit Hut Tarn

ximale Sauerstoffaufnahme keine großen Unterschiede zur Normalbevölkerung.

Etwas genauer untersucht und beraten müssen freilich die Teilnehmer an kommerziellen Trekkingtouren und Expeditionen werden, da sie teilweise weniger qualifiziert sind. In Einzelfällen werden hier EKG und genauere Untersuchungen angebracht sein.

3.3 Zahnärztliche Voruntersuchung

Vor einem Höhenaufenthalt sollte eine zahnärztliche Behandlung eventuelle Löcher oder Wurzelabszesse sanieren. Durch den sinkenden Luftdruck können stumme Abszesse, Löcher in den Zähnen oder gelockerte Plomben eine Ausdehnung der Luft in diesen Räumen verursachen, der gesteigerte Druck führt dann zu ausgesprochen unangenehmen tobenden Schmerzen.

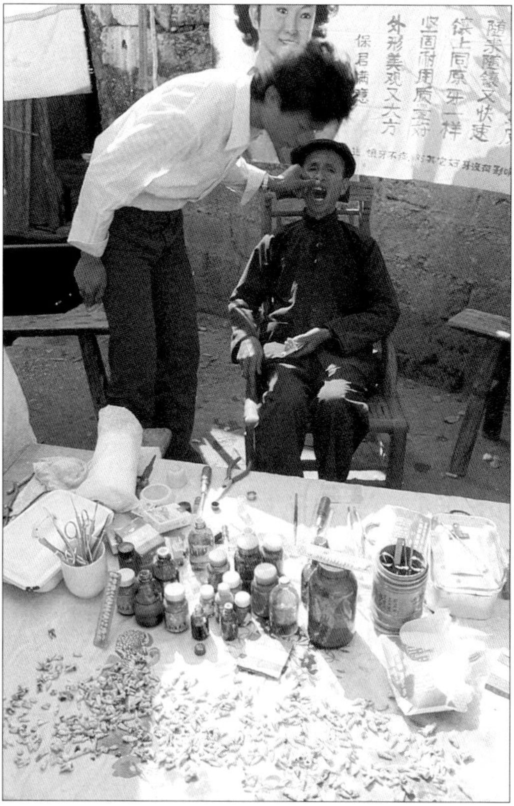

Auch in China gibt es erfahrene und virtuose Zahnärzte...

3.4 Impfungen

Die nötigen Impfungen vor einer geplanten Auslandsreise sollten längere Zeit vorher mit dem Arzt besprochen und geplant werden, da einige Impfungen bereits Wochen vorher durchgeführt werden müssen und manche Impfungen sich untereinander schlecht vertragen.

Wundstarrkrampf

Die Tetanusimpfung ist obligat: Wundstarrkrampf wird über kleine Hautverletzungen durch Bakterien übertragen.

Die Schutzimpfung (Grundimmunisierung mit Tetanol® und Tetagam®) umfaßt drei Impfungen (0/4 Wochen und 12 Monate), die alle 10 Jahre mit Tetanol® wiederaufgefrischt werden müssen.

Kinderlähmung (Polio)

Die Krankheit ist durch eine gewisse »Impfmüdigkeit« wieder im Vormarsch begriffen und vor allem in Asien sehr weit verbreitet. Sie befällt spezielle Rückenmarksnerven und kann zu Lähmungen führen. Kinderlähmung ist ein irreführender Begriff, die Erkrankung kann genauso Erwachsene befallen.

Die Impfung wird als Schluckimpfung durchgeführt und muß alle 10 Jahre aufgefrischt werden.

Diphterie

Seit 1974 wurde in Deutschland kein Todesfall durch Diphterie mehr bekannt. Seit drei bis vier Jahren allerdings werden aus den Ländern der ehemaligen Sowjetunion wieder Erkrankungen und Todesfälle gemeldet, auch aus Ecuador wird über Epidemien berichtet. Bei Reisen in diese Länder ist eine Impfung zu empfehlen.

Gelbfieber

Die Impfung darf nur von speziellen Impfstellen (siehe Anhang: Gelbfieber-Impfstellen) durchgeführt werden und ist für einige Länder Afrikas (gesamtes Zentral- und Ostafrika) und Südamerikas (Panama, Kolumbien, Venezuela, Guyana, Surinam, Franz. Guyana, Ecuador, Peru, Bolivien, große Teile Brasiliens) sogar erforderlich oder dringend vorgeschrieben.

Asien ist generell gelbfieberfrei, in einigen Ländern kann jedoch die Impfung verlangt werden, wenn man zuvor in Gelbfiebergebieten unterwegs war.

Der Impfschutz hält für 10 Jahre an und bietet einen hundertprozentigen Schutz, der jedoch erst 10 Tage nach der Impfung eintritt.

Hepatitis (Gelbsucht)

Bei Hepatitis unterscheidet man zwei Formen:

Die **infektiöse Gelbsucht (Hepatitis A)** wird bei schlechten hygienischen Verhältnissen über Wasser, Speiseeis, Meeresfrüchte, ungewaschenes Obst, Gemüse etc. übertragen. Durch den Ferntourismus in einige endemische Gebiete (besonders in Asien) wird diese Infektionskrankheit seit wenigen Jahren auch nach Europa vermehrt eingeschleppt.

Es bestehen drei Möglichkeiten des Impfschutzes:

1) Die passive Immunisierung durch Gamma-Globulin. Diese Methode ist Reisenden in tropische Länder zu empfehlen, die sich nur kurze Zeit und nicht unter schlechtesten hygienischen Bedingungen dort aufhalten. Wenige Tage vor Reiseantritt wird das Gamma-Globulin als einmalige Spritze verabreicht, der Impfschutz beträgt etwa 80 % für 4 bis 6 Monate.

2) Die aktive Immunisierung, die bei allen längeren oder bei häufigen Aufenthalten in tropischen Gebieten empfohlen wird.

Die Impfung muß dreimal im Abstand von 0/1/12 Monaten durchgeführt werden, ein Schutz besteht erst nach der zweiten Injektion. Mit der dritten Impfung wird ein Langzeitschutz von 10 Jahren ermöglicht.

Hepatitis B wird über Blutkontakt (z.B. Bluttransfusionen, Injektionen mit infizierten, ungenügend sterilisierten Spritzen) oder beim Geschlechtsverkehr übertragen. Eine Impfung wird besonders gefährdetem Personal (medizinisches Personal, Kontakt mit Drogenabhängigen etc.), aber auch generell bei längerem Aufenthalt empfohlen.

Dem neuesten medizinischen Stand entspricht die kombinierte Impfung gegen Hepatitis A und B, die gut verträglich ist und allgemein empfohlen wird.

Typhus

Typhus wird in Ländern Asiens, Afrikas und Südamerikas mit niedrigem Hygienestandard über Wasser oder Nahrung übertragen. Die Impfung erfolgt oral über die Einnahme von drei Tabletten Typhoral L® am 9., 7. und 5.Tag vor der Abreise.

Die Impfung bietet keinen hundertprozentigen Schutz vor einer Infektion, im Falle einer Erkrankung wird der Verlauf jedoch abgemildert, der Schutz hält bis zu 15 Monate an.

Cholera

Cholera ist wie Typhus eine schwere Durchfallerkrankung und wird ebenso über Wasser oder Nahrung übertragen. Haupterkrankungsgebiete sind Indien und die Länder Südamerikas, in denen seit 1992 mehrmals über Epidemien berichtet wurde (Peru, Ecuador). Die Impfung mit einer zweimaligen Injektion im Abstand von etwa einer Woche bietet einen Schutz von etwa 50 % für ein halbes Jahr und wird nur mehr sehr bedingt empfohlen.

Malaria

Malaria ist eine in tropischen Ländern weitverbreitete Infektionskrankheit. Laut Angaben der WHO erkranken pro Jahr 200 bis 300 Millionen Menschen. Auch in Deutschland werden pro Jahr bis zu 1.000 Fälle bekannt, in denen die Krankheit aus den Tropen eingeschleppt wurde.

Die Übertragung der Parasiten (Plasmodium falciparum für die Malaria tropica; Plasmodium vivax für die Malaria tertiana und Plasmodium malariae für die Malaria quartana) erfolgt über die Anophelesmücke.

Die Malaria tropica ist für fast alle Todesfälle verantwortlich. Die Malaria tertiana und quartana sind im Gegensatz dazu nach spätestens zwei Jahren ausgeheilt.

Schwierig ist immer noch die Erstdiagnose, da auch bei resochinresistenten Stämmen durch eine Prophylaxe mit Resochin die Symptome Fieber und Schüttelfrost oft abgeschwächt und selten in dem typischen Dreitage- oder Viertage-Rhythmus verlaufen. Auch der Nachweis im Blutausstrich ist nicht einfach, die Parasiten lassen sich nur im Fieberanstieg nachweisen. **Deshalb ist jedes unklare Fieber während oder nach einem Tropenaufenthalt malariaverdächtig.**

Die Prophylaxe der Malaria wurde in den letzten Jahren immer schwieriger, da zum einen viele Stämme der Malariaerreger gegen Resochin umempfindlich geworden sind und zum anderen von Touristen relativ unsystematisch Mittel, die zur Therapie der Malaria gedacht waren, als Prophylaxe eingesetzt wurden. So ändern sich auch sehr schnell die jeweiligen Empfehlungen. Die besten Auskünfte geben die Landesimpfanstalten.

Medikamentöse Prophylaxe gegen Malaria(Stand 1998)

Zone	Charakteristika	Medikamente	Notfallmedikation
A	Gebiete ohne Chloroquinresistenz oder ohne P. falciparum	Chloroquin keine Einnahme	keine Chloroquin
B	Gebiete mit Chloroquinresistenz	Chloroquin + Proguanil Chloroquin keine	Mefloquin oder (Halofantrin)
C	Gebiete mit hochgradiger Chloroquinresistenz	Mefloquin Chloroquin + Proguanil keine	keine Mefloquin oder Halofantrin

PROPHYLAXE

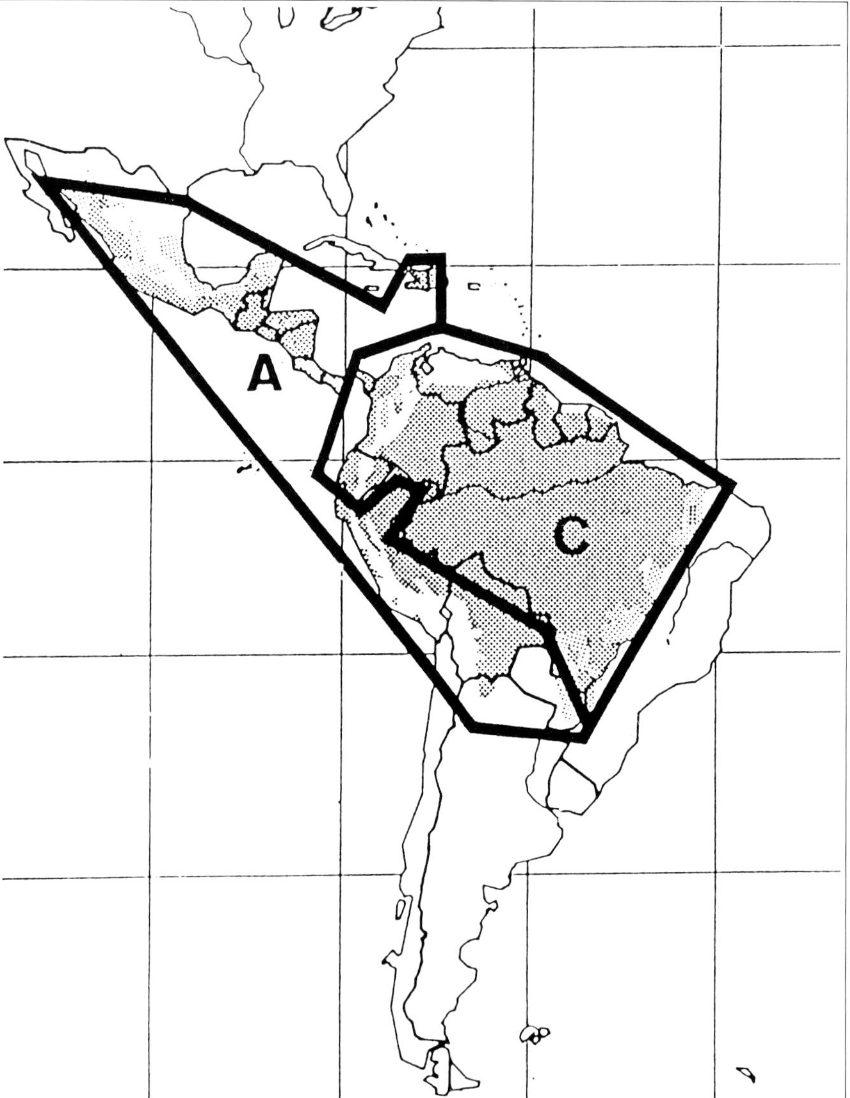

Einteilung in A-B-C Zonen nach Resistenzentwicklungen und Malariarisiko
Mittel- und Südamerika
(Karte nach WHO 1994)

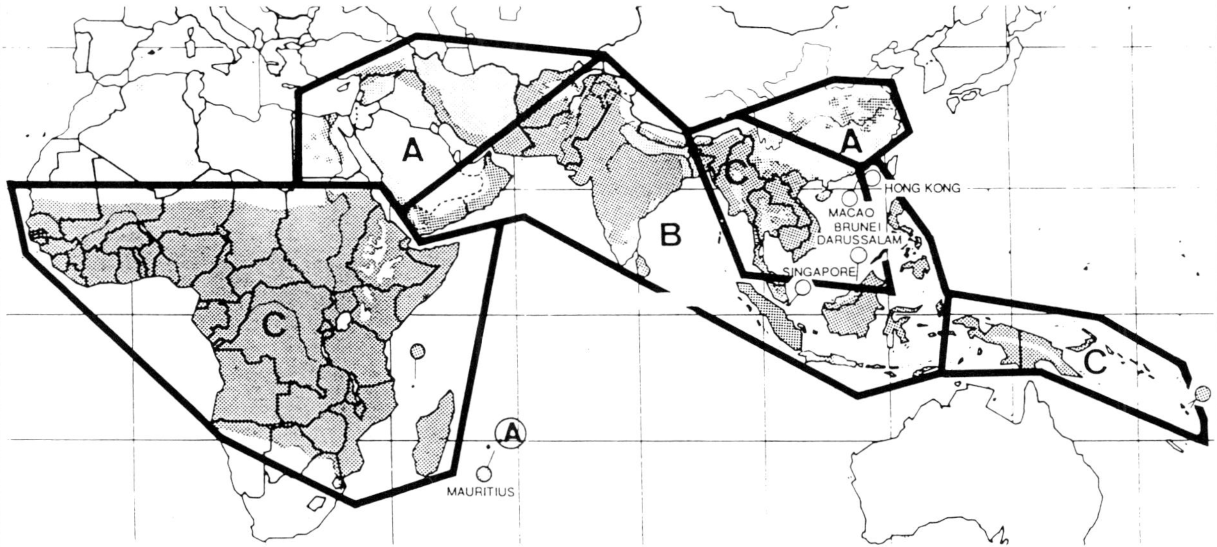

Einteilung in A-B-C Zonen nach Resistenzentwicklungen und Malariarisiko
Afrika – Asien
(Karte nach WHO 1994)

Die Zonen sind nach den dort vorkommenden Resistenzen der Erreger und dem dadurch entstehenden Risiko, d.h. auch nach der Wirksamkeit der Medikamente eingeteilt.
In der Zone A ist das Risiko generell gering, in den Zonen B und C sind in manchen Gebieten (Afrika, Amazonas-Gebiet, aber auch Asien) die Erreger z.B. gegen Resochin bereits resistent.

In der *Zone A* (keine Resistenz der Stämme gegen Resochin oder keine Malaria tropica) wird die Chemoprophylaxe mit Chloroquin (Resochin®) durchgeführt, Notfall- oder Ersatzmedikamente sind nicht nötig. Bei einer nur kurzen Exposition (wenige Tage) kann auch auf die Prophylaxe verzichtet werden, Chloroquin sollte jedoch als Notfallmedikament mitgenommen werden.

Die Prophylaxe mit Chloroquin wird wie folgt durchgeführt: 2 Tabletten à 150 mg einmal am gleichen Wochentag oder zweimal pro Woche 1 Tablette à 150 mg. Personen mit einem Gewicht über 75 kg sollten einmal pro Woche 2 Tabletten und einmal 1 Tablette einnehmen. Begonnen werden muß eine Woche vor dem Erreichen des Malariagebiets. Sehr wichtig ist aber auch, daß man die Einnahme erst 4 Wochen nach dem Verlassen beendet, was häufig vergessen oder leichtfertig unterlassen wird. Die Malaria kann aber wegen des Persistierens der Erreger noch sehr spät ausbrechen.

Chloroquin in *Zone B* wird wie bei Zone A eingenommen, zusätzlich kann noch zweimal täglich 100 mg Proguanil (Paludrine®)eingenommen werden.

In *Zone C* erfolgt die Prophylaxe mit 1 Tablette Mefloquin (Lariam®) à 250 mg pro Woche, Beginn und Ende der Einnahme entsprechen der bei Chloroquin. Werden nur Chloroquin und Proguanil eingenommen, sollte als Notfallmedikament oder bei fehlender Prophylaxe Lariam mitgenommen werden. Halofantrin (Halfan®) sollte wegen starker Nebenwirkungen nur dann als Notfallmedikament verwendet werden, wenn keine direkte ärztliche Versorgung möglich ist.

Neben der medikamentösen Prophylaxe ist auch ein vorbeugendes Verhalten extrem wichtig: Die Anopheles-Mücken sind beinahe ausschließlich während der Dämmerung und in den Nachtstunden aktiv, in diesen Stunden darf nicht mit unbekleideten Körperstellen herumgelaufen werden, also Socken über die langen Hosen und langärmelige Pullover. Dazu sollte die Kleidung aus luftdurchlässigen und hellen Stoffen bestehen, um einer Überhitzung vorzubeugen. Ungeschützte Stellen sollten mit Authan® oder ähnlichem eingerieben werden. In Räumen können Moskitonetze und Räucherspiralen benützt werden.

PROPHYLAXE

Vorbeugendes Verhalten vor Malaria

in der Dämmerung immer vollständig bekleidet (inklusive Socken)
Kleidung luftdurchlässig und hell (Gefahr der Überhitzung)
Moskitonetze / Räucherspiralen / Authan®

Bei gleichzeitig bestehenden Durchfällen muß bei der Einnahme von Resochin oder anderen Anti-Malariamitteln bedacht werden, daß die Medikamente im Darm nicht oder nur unvollständig resorbiert werden. Damit besteht natürlich auch kein Malariaschutz. In diesem Fall sollte die Einnahme z.B. einer Resochintablette bei ansonsten gleichem Einnahmerhythmus wiederholt werden.

Vom Genuß von Fleisch ist vor allem am Anfang der Tour unbedingt abzuraten, auch wenn es vielleicht verführerisch aussehen mag...

3.5 Welche Impfungen sind bei Trekkingtouren im Himalaya nötig?

Grundsätzlich sollte immer – also auch in Europa – ein Impfschutz gegen Tetanus und Kinderlähmung bestehen. Alle weiteren Impfungen hängen von den jeweiligen Situationen ab, dabei sind wichtig:

Art der Unternehmung und die Begleitmannschaft

Gruppenreisende mit einer in Hygiene gut geschulten Küche (wie sie bei den großen Veranstaltern in den letzten Jahren üblich sind) benötigen normalerweise keine Typhus-Impfung.

Einzelreisende oder Selbstorganisiererer können erfahrungsgemäß die hygienischen Bedingungen schlechter selbst beeinflussen, daher ist für diesen Personenkreis eine Impfung gegen Hepatitis A immer zu empfehlen. Auch, weil die Zahl der Hepatitis A-Erkrankungen momentan im Zunehmen begriffen ist und eine dreimalige Impfung mehr als 10 Jahre schützt.

Zusätzliche Reiseunternehmungen in Verbindung mit einer Trekkingtour

In den Bergen über 2.500 m besteht nur mehr eine sehr geringe Infektionsgefahr mit Typhus. Schließt man jedoch nach der Unternehmung eine längere, weitere Reise beispielsweise in den Tieflagen Indiens mit einfachen Unterkünften an, so sollte man sich zu einer Immunisierung gegen Typhus entschließen – eine Impfung gegen Hepatitis A ist dann ebenfalls obligatorisch.

Sollten nach einer Trekkingtour noch für wenige Tage in Nepal die Dschungelgebiete des Terai besichtigt werden, in denen eine relative Malariagefahr besteht, so kann bei vernünftigem vorbeugendem Verhalten auf eine medikamentöse Malaria Prophylaxe verzichtet werden.

Kathmandu und Höhenlagen über 1.300 m sind sicher malariafrei.

3.6 Impfplan

Impfungen können trotz der geringen Nebenwirkungen der modernen Impfstoffe eine Belastung für den Körpers darstellen. Bei einigen Erkrankungen (besonders Infektionserkrankungen mit Fieber) darf nicht geimpft werden. Die obligatorischen Impfungen gegen Tetanus und Polio empfehlen sich zeitlich weit vor der Reise.

Die Gelbfieberimpfung sollte bei jedem Impfplan an erster Stelle stehen, da 4 Wochen vor und 2 Wochen nach dieser Impfung keine Immunisierung mit Gammaglobulinen durchgeführt werden kann.

PROPHYLAXE

Eine mögliche Abfolge der Impfungen könnte so aussehen
(»Tage« bedeutet Tage vor der Abreise):

Polio	60 Tage und 7 Tage (falls keine Grundimmunisierung besteht)
Tetanus	45 Tage und 14 Tage (falls keine Grundimmunisierung besteht)
Gelbfieber	14 Tage (nur spezielle Impfstellen)
Typhus	9. / 7. / 5. Tag
Hepatitis (aktiv)	35. / 5. Tag (dritte Impfung nach einem Jahr)
Malaria	7 Tage vor und bis 4 Wochen nach der Reise

Reisfelder auf dem Anmarsch zum Kangchendzönga (8.561 m/Ost-Nepal)

4. Mittlere Höhe und Trekking

Das Wandern in mittleren Höhen, eventuell kombiniert mit einem leichten Gipfelanstieg, hat sich als Trekking in den letzten Jahren zu einem großen Boom entwickelt.

Trekkingreisen in die Berge werden nicht nur für aktive Bergsteiger angeboten, sondern Trekking als Erlebnis- und Aktivurlaub interessiert mittlerweile auch Personen, die sich in unseren Breitengraden eher selten in den Bergen aufhalten.

Der entscheidende Unterschied zum Bergwandern in Europa sind aber die wesentlich größeren Höhen mit ihren Auswirkungen auf die Leistungsfähigkeit. Kann ein gut trainierter Bergsteiger in unseren Ostalpen durchaus 700 Höhenmeter in einer Stunde aufsteigen, so verringert sich dies in extremen Höhen um 8.000 m auf etwa nur mehr 50 bis 150 Höhenmeter.

Die körperliche Ausdauer ist abhängig von der Sauerstoffaufnahme. Durch den gesunkenen Sauerstoffpartialdruck und die damit verbundene Minderversorgung werden zuerst sämtliche lebensnotwendigen Systeme versorgt, nur ein Rest an Sauerstoff bleibt dann für die Muskulatur übrig. Dies äußert sich in der schnelleren Ermüdbarkeit, in der Leistungsschwäche und in einer allgemeinen Müdigkeit.

Hinzu kommt die ungewohnte Dauer eines solchen Höhenaufenthaltes: Anders als in Europa bewegt man sich bei den meisten Trekkingtouren viele Tage und Wochen in mittleren und großen Höhen. Hier kommt es dann bei zu schnellem Aufstieg zu Akklimatisationsstörungen und zu Unwohlsein der Bergsteiger. In Europa, obwohl auch hier große Höhen erreicht werden können, werden durch den täglichen Abstieg in die Täler oder auf tiefer gelegene Hütten diese Probleme umgangen. Weiterhin sind es viele Menschen nicht mehr gewöhnt, über Tage und Wochen eine konstante Ausdauerleistung bringen zu müssen.

4.1 Einstellung und Planung

»Natürlich hatte ich mir alles ganz anders vorgestellt. Den Himalaya hielt ich für eine Art höhere Alpen, Nepal dachte ich mir etwa so wie die Schweiz, nur ursprünglicher, wilder, weniger touristisch und eben asiatisch (...) So malte ich mir ein höchst angenehmes, entspanntes Wandern aus. Alles, meinte ich, würde im Grunde wie ein europäisches Hochgebirge sein, nur viel einsamer. Und zugleich bequemer. Denn wo hatten wir hier in Europa jemanden gehabt, der die Rucksäcke trug? Dort würden wir Träger anheuern, für jeden von uns beiden sogar mehrere, um unbeschwert, fast spielerisch, jedenfalls ohne alles Gepäck, durch den Himalaya zu traben, mit den höchsten Gipfeln der Erde auf Du und Du.«

(Baring A.; Manchmal sahen wir auch die Berge, MERIAN Himalaya Heft 11/85)

◁
See bei Gokyo (ca. 4.750 m), im Hintergrund der Cholatse (6.440 m, Everest-Gebiet/Nepal)

Ein Hauptproblem des Trekkens in fremden Ländern scheint mir oft in der *psychischen Einstellung* auf die Tour zu liegen: Von Prospekten, Büchern und Fernsehsendungen kennt man meist nur strahlend blauen Himmel und schneeweiße Berge vor grünen Reisfeldern. Selten wird »Trekkern in spe« von ungewohnten hygienischen Verhältnissen, klirrender Kälte, Durchfällen oder Erschöpfung berichtet. Der Erinnerungsoptimismus derjenigen, die bereits Unternehmungen dieser Art hinter sich haben, beschönigt sicherlich ohne bösen Willen manche mißliebigen Situationen.

Viele Trekker – gerade in Nepal – gehen zum ersten Mal in die Berge und sind dann erstaunt, wenn sie nicht nur blauen Himmel und weiße Berge, sondern Kälte und Sturm erleben, ohne die Berge überhaupt gesehen zu haben. Warum sollen auch Entbehrungen dem Spaß machen, der noch nie längere Zeit in den Alpen unterwegs war und so erst einmal die Mühen und Strapazen kennengelernt hat, die mit Bergsteigen und Wandern verbunden sind. Neben einer vernünftigen Einstellung und Freude an körperlicher Leistung ist deshalb sicher eine gewisse Leidensfähigkeit und die Fähigkeit Strapazen ertragen zu können, unbedingte Voraussetzung für Telnehmer an Trekkingtouren in diese Länder und Höhen. Fähigkeiten, die langjährigen erfahrenen Bergsteigern geläufiger sind als jenen, die zum ersten Mal Trekkingtouren – und dann gleich Himalaya – unternehmen. Sinnvoll ist deshalb ein langsames Herantasten an größere Unternehmungen: Auch in Europa gibt es außerordenlich interessante, längere Touren, z.B. eine Reihe von Weitwanderwegen oder auch der bekannte GR-20 auf Korsika, auf denen man seine Neigungen unter erleichterten Bedingungen erproben kann.

Trotzdem: Ich möchte jetzt nicht jeden weniger erfahrenen Trekker dazu verleiten, seine sämtlichen Pläne fallen zu lassen, um nur mehr für ein Wochenende nach Garmisch-Partenkirchen zu fahren. Auch rate ich niemandem ab, exotische Länder zu bereisen. Er soll vielmehr seine eigenen, doch meist überwiegend positiven Erfahrungen machen. Nepal ist schließlich nicht nur ein Land für Extrembergsteiger, denn auch dort gibt genügend wunderschöne »Einsteigertouren«. Doch in der Einstellung und einer vernünftigen Planung liegt bereits die »Hälfte der Miete«.

Für den, der an einer *organisierten Tour* teilnehmen will, ist vor allem die kritische Auswahl des Reiseunternehmens wichtig. Hier genügt aber oft schon ein Blick in das Veranstaltungsprogramm: Wenn hier beispielsweise eine Tour zum Kilimandscharo in nur vier Tagen ohne vorausgehende Akklimatisationsphase angeboten wird, sollte man sich einen anderen Veranstalter suchen!

Eine wichtige Vorbereitung in der Planung der Unternehmung betrifft den *Zeitpunkt*, zu dem die Tour durchgeführt werden soll. Liegt auch ein großer Teil Nepals, Indiens oder Pakistans in der tropischen und subtropischen Zone, die das ganze Jahr hindurch bereist werden kann, so ändert sich diese Situation grundlegend mit dem Aufstieg in die Gebirgsregionen. Bereits der November kann in Höhen um 4000 m bitterkalt werden, so daß hier nicht an Kälte gewöhnte oder schlecht ausgerüstete Personen Probleme bekommen können. Zum anderen kann Trekken in Monsunzeiten zum Chaos werden: Neben unüberwindlichen Straßenverhältnissen kann es durchaus passieren, daß man durch die tiefhängenden Monsumwolken die Berge kein einziges Mal zu Gesicht bekommt. Die täglichen schweren Regengüsse und eine Unzahl an Blutegeln brechen dann den noch vorhandenen Ehrgeiz vollkommen. Auskünfte über die besten Jahreszeiten (Vor- und Nachmonsum) und Temperaturen in den Bergregionen und Trekkinggebieten sind in allen Reiseführern zu finden.

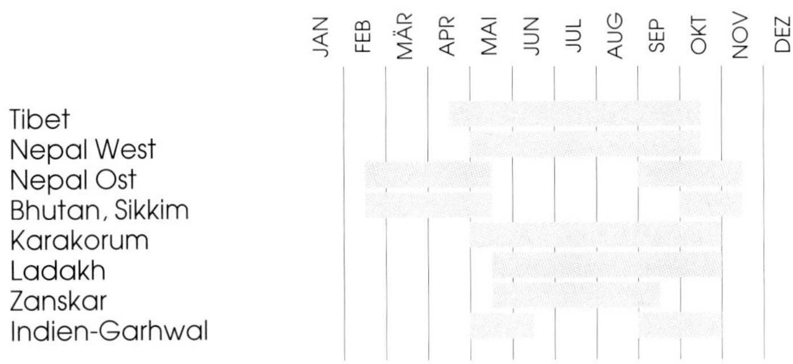

Optimale Reisezeiten im Himalaya für Trekker

Die Reisezeit wird im Südteil des Himalaya in erster Linie durch den Monsun, im Nordteil durch den Winter und damit die Kälte, bestimmt.

4.2 Ausrüstung

Ein entscheidender Punkt, ob einem die ganze Unternehmung Spaß macht, liegt sicher in einer gut gewählten Ausrüstung: Eine optimale Ausrüstung gegen Kälte wie gegen die tropische Hitze bedeutet nicht nur Erleichterung in körperlicher Hinsicht, sondern stellt auch eine wichtige Prophylaxe gegen Überhitzung, übermäßiges Schwitzen, Hitzschlag oder Kälte mit möglicher Verkühlung dar. Drei Ausrüstungsgegenstände sind dabei besonders wichtig:

1) Ein guter *Regenschutz*: die modernen wasser- und (beinahe noch wichtiger) windabweisenden Fasern (z.B. Gore-Tex, Sympatex, Windstopper) gewähren einen beinahe hundertprozentigen Schutz gegen tropische Regengüsse.

2) *Warme Bekleidung*: hier empfiehlt sich besonders Faserpelzbekleidung.

3) Ein *warmer Schlafsack:* Ein solcher war für mich immer von entscheidender Bedeutung. Das langsam von den Füßen her aufsteigende Fröstelgefühl kann Himalayanächte sehr lang werden lassen. Ob man sich dann eher für einem Schlafsack mit Daunen- oder Kunstfaserfüllung entscheidet, sei der persönlichen Vorliebe überlassen.

An dieser Stelle auf Details einzugehen, würde zu weit führen, daher sei eine eingehende Beratung im Fachgeschäft empfohlen.

Bei den Kabambu-Wasserfällen auf 3.500 m Höhe während des Anmarsches durch den tropischen Regenwald am Ruwenzori – eines der regenreichsten Gebiete der Erde

4.3 Wer kann zum Trekken?

Jeder gesunde und einigermaßen sportliche Erwachsene, der zu Dauerleistungen fähig ist (z.B. mindestens 30 Minuten joggen, lange Tagestouren in den Bergen) und über eine entsprechende alpine Erfahrung verfügt, kann an Trekkingtouren teilnehmen.

Die Belastungsintensitäten von Trekkingtouren reichen von leichten Hüttenwanderungen über schwere Hochtouren bis zu expeditionsähnlichen Unternehmungen. Dabei stellt nicht nur die höchste zu *erreichende Höhe* für manchen Bergsteiger eine absolute Grenze dar, auch die täglich zu überwindenden *Höhenunterschiede* sowie die *Länge der geplanten Tour* sind in der Planung zu bedenken. Beispielsweise kann eine gut vierwöchige Trekkingtour zu den Basislagern auf der Süd- und Nordseite des Kangchengzönga mit etwa insgesamt 20.000 zu überwindenden Höhenmetern und einer erreichten absoluten Höhe von 5.300 m für manche Bergsteiger belastender sein als eine Trekkingtour im Everestgebiet mit einem Trekkinggipfel von 6.200 m. Leichtere Trekkinggipfel wie der Popocatepetl, Kilimandscharo oder Cotopaxi sind oft deswegen sehr problematisch, weil hier sehr schnell relativ hohe Höhen erreicht werden und ohne genügende Akklimatisation viele höhenbedingten Komplikationen auftreten können.

Lager am Kangchendzönga (8.561 m/Ost-Nepal) auf einer Höhe von 4.900 m

Beispiele über Belastung, Höhe und Zeitdauer bei Trekkingtouren und Expeditionen

Beispiel	Kondition Erfahrung	Höhe max.	Zeitdauer Wochen
Hüttenwanderung, leichte Trekkingtour			
Kathmandutal	Bergwanderer	3.500 m	1 – 3
Inka-Trail			
mittelschwere Trekkingtour			
Annapurnarunde	ausdauernder Bergwanderer	5.400 m	3 – 4
anspruchsvolle Trekkingtour			
Kantsch-Basecamp	ausdauernder	5.400 m	3 – 4
Everest-Basecamp	Bergwanderer mit Höhenerfahrung		
Trekkingtour mit Trekkinggipfel			
Annapurnarunde	trainierter und routinierter	6.000 m	3 – 4
mit Thorong Ri	Bergsteiger mit alpiner Erfahrung		
anspruchsvolle Trekkinggipfel			
Kilimandscharo	trainierter Bergsteiger	5.895 m	1
Chimborazo		6.287 m	1
Island-Peak		6.169 m	3 – 4
Trekkingtour im Expeditionsstil			
Dhaulagiri-Runde	hochalpine Erfahrung, Sicherheit in Eis und Fels	6.500 m	4 – 5
Bergfahrten und Expeditionen			
Mt. Mc Kinley	selbstständige Bergsteiger	6.193 m	3 – 5
Baruntse	mit absoluter Sicherheit in Fels und Eis, Höhenerfahrung, beste Kondition	7.129 m	5 – 7
Expedition, extreme Höhe über 7.000 m			
Pik Kommunismus	Expeditionserfahrung,	7.495 m	6 – 8
Shisha Pangma	absolute Fitness	8.046 m	
Mt. Everest		8.848 m	7 – 9

4.3.1 Alter

Senioren

Immer stellt sich auch die Frage nach dem *Höchstalter*, mit dem an Unternehmungen in der Höhe noch teilgenommen werden kann. Alter, auch zwischen 60 und 70 Jahren, stellt keinen grundsätzlichen Widerspruch für leichte und mittelschwere Trekkingtouren dar. Entscheidend sind der jeweilige Gesundheitszustand und der Grad der körperlichen Fitness, mit der die tägliche Belastung eines 6 bis 8 stündigen Marsches auf sich genommen werden kann. Man muß bedenken, daß mit steigendem Alter die normalen *Verschleißerscheinungen an Gelenken* – besonders an Hüfte und Knien – zunehmen und bei wochenlangen Touren leistungsbegrenzend sein können. Doch darf man einem 65-jährigen routinierten Bergwanderer durchaus eine Himalayatrekkingtour zutrauen, falls keine zusätzlichen Erkrankungen vorliegen. Je mehr Erkrankungen bekannt sind, desto eher wird man von längeren Touren abraten. Daß ein höheres Alter kein Hindernis für große Bergtouren sein muß, zeigen auch die Erfolge von über 60-jährigen an Achttausendern. Trotzdem sollte man bedenken, daß diese Personen Ausnahmeerscheinungen sind. Mit zunehmendem Alter schwinden die *Anpassungsfähigkeit an Kälte, Hitze, Höhe* sowie die *Regenerationsfähigkeit* nach erschöpfenden körperlichen Belastungen.

Kinder und Jugendliche

Kinder oder Kleinkinder auf Trekkingtouren mitzunehmen, ist nicht unbedingt ratsam: So wie im Alter die *Adaptionsfähigkeit* an äußere Umstände schwindet, so ist sie im Kleinkind- und Kindesalter noch nicht entwickelt. Gerade die Fähigkeit, extreme Kälte oder Hitze mit hoher Luftfeuchtigkeit ertragen zu können, ist bei Kindern noch schlecht ausgebildet.

Die Toleranzbreite zwischen körperlicher Leistung und Erschöpfung ist gering. Die physiologischen Ursachen liegen zwischen Erwachsenen und Kindern in der unterschiedlichen Energiebereitstellung und der Pufferkapazität des Blutes auf Laktat. Die geringere Muskelmasse wie Körperoberfläche spielt in der Temperaturregelung eine nicht zu unterschätzende Rolle. Die geringere Kraftausdauer begrenzt bei langen Anstiegen die Leistungsfähigkeit. Während der Wachstumsschübe kann es zu reduzierten koordinativen Fähigkeiten kommen. Säuglinge und Kleinkinder besitzen wegen der höheren Atem- und Herzfrequenz eine geringere Möglichkeit, auf äußere Umstände wie den gesunkenen Sauerstoffpartialdruck zu reagieren.

Aus Untersuchungen in den Vereinigten Staaten weiß man, daß Kinder unter 10 Jahren deutlich häufiger am *Höhenlungenödem* erkranken. Erst nach dem 10. Lebensjahr nimmt die Erkrankungshäufigkeit wieder ab. Höhen über 3.000 m sind damit für Kinder wenig empfehlenswert. Psychologisch gesehen wird ein Kind durch eine so monotone Belastung wie längeres Gehen weniger motiviert.

Will man trotzdem Kinder auf leichtere Trekkingtouren mitnehmen, so muß diese

Unternehmung speziell für die Kinder geplant werden: Die absolut zu erreichende Höhe darf die Grenze von 3.000 m um nicht viel überschreiten, die Tagesetappen müssen auf wenige Stunden reduziert werden. Besonders belastend für die Muskulatur und Gelenke sind *lange Abstiege*. Oft können Kinder durch eine gewisse Bandlaxizität ihre Gelenke nicht optimal stabilisieren (besonders bei Ermüdung) und brauchen festes Schuhwerk, das wiederum nicht zu schwer sein darf. Der Zeitpunkt der Tour ist so auszuwählen, daß weder zu hohe noch zu tiefe *Temperaturen* zu erwarten sind. Vom Organisationsablauf können Träger eingeplant werden, die im Falle der Ermüdung die Kinder in Tragkörben übernehmen. Noch mehr Vorsicht muß den *hygienischen Umständen* gewidmet werden, da Durchfälle oder andere Infektionen schnell eine vorzeitiges Ende der Tour bedeuten können. Kinder reagieren bei Durchfällen wesentlich schneller als Erwachsene auf die Wasserverluste mit Austrocknung, die oft nur über Infusionen ausgeglichen werden kann. Spezielle Nahrung für Kinder muß hier unter Umständen mitgebracht werden. Auf eine Exposition von Kindern in malariabelasteten Gebieten sollte man wegen der Nebenwirkungen der Malariaprophylaxe verzichten.

Jugendliche scheinen nach neuesten Untersuchungen im Vergleich zu Erwachsenen keine vermehrte Anfälligkeit für AHK zu haben, jedoch sollte man genauso darauf achten, daß sie sich nicht überanstrengen. Bei *Überanstrengungen* steigt das Risiko zu AHK oder HLÖ zu erkranken. Somit ist es bei Kindern und Jugendlichen enorm wichtig, die physischen und psychischen Reaktionen genau zu überprüfen, um gegebenenfalls schnell reagieren zu können.

Auf dem Rückweg vom Everest-Basislager bei Phulong Karpa, im Hintergrund der Cholatse (6.440 m)

4.3.2 Frauenspezifische Probleme

Schwangerschaft

Vor ähnlichen Problemen stehen *Schwangere* in der Höhe. Bereits in der Frühschwangerschaft kommt es zu Veränderungen in den physiologischen und hormonellen Abläufen des Organismus: Auflockerung des Sehnen- und Bindegewebes, Veränderung des Körperschwerpunktes, veränderte Temperaturregelung, labiler Blutdruck, Steigerung von Herz- und Atemfrequenz, Vergrößerung des zirkulierenden Blutvolumens und der Körperflüssigkeit, Unterzucker usw. Gegen eine vernünftige Ausübung mancher Sportarten in der Frühschwangerschaft spricht wenig, wenn man einige Faktoren, die das Kind schädigen können, beachtet: Es darf nie zu *Minderversorgung des Embryos* durch erschöpfende körperliche Belastungen und auch durch anaerobe Belastungen (also kurzfristige und hochintensive Belastungen) kommen. Weiter sollten Sportarten mit ruckartigen Bewegungsabläufen oder Sprüngen vermieden werden, da sie vorzeitige Wehen oder eine Verletzung der Plazenta bedingen können.

Zur Höhe: Körperliche Anstrengung in Höhen über 2.000 m benötigt – wie wir bereits wissen – einen erheblichen Mehrbedarf an Sauerstoff, wobei schon beim Erwachsenen Stunden und Tage notwendig sind, um sich an den gesunkenen Sauerstoffpartialdruck zu adaptieren. Der Embryo hat dazu eine wesentlich geringere Möglichkeiten. Die werdende Mutter besitzt einen gesteigerten Energiebedarf. Auch wird darüber diskutiert, ob nicht langandauernde körperliche Belastungen, die mit einer starken *Steigerung der Körperkerntemperatur* einhergehen, bei den Föten eine erhöhte Mißbildungsrate erwarten lassen. *Starkes Schwitzen* und damit verbundene Flüssigkeitsverluste bedeuten für das Ungeborene unnötigen Stress . Die Gefahr von *Infektionskrankheiten* und die schlechtere medizinische Behandlung in diesen Ländern, bedingen wohl meist auch für Schwangere eine psychische Streßsituation, der sie sich nicht unbedingt aussetzen sollten.

Zusammenfassend wird man vom ärztlichen Standpunkt damit einer Schwangeren – gleich in welchen Stadium – von Auslandsreisen in Länder mit schlechtem medizinischen Standard und Trekkingtouren mit Höhenaufenthalten eher abraten.

Pille

Häufig wird die Frage gestellt, ob die *Pille* das Thromboserisiko in der Höhe weiter erhöht. Bisher gibt es keine Untersuchungen oder Berichte von Trekkerinnen, die durch die Einnahme der Pille mit Thrombosen oder Lungenembolien von Touren auf mittlerer Höhe zurückgekommen sind. Der Verlust an Flüssigkeit (Exsikkose) spielt in diesen mittleren Höhenlagen nicht die Rolle wie in extremen Höhen. Die tägliche ausgiebige Bewegung mit der Aktivierung der Muskelpumpe dürfte ebenfalls das Thromboserisiko gering halten, so daß man ein Absetzen der Pille vor Trekkingtouren nicht empfehlen muß. Anders sehen theoretische Überlegungen – praktische Erfahrungen oder Berichte darüber gibt es nicht – in der extremen Höhe aus. Hier können die Flüssigkeitsverluste den Hämatokrit-Wert erheblich erhöhen, so daß bei zusätzlichen Faktoren, wie der Antibabypille, das Thromboserisiko durchaus steigen könnte. Außerdem können Durchfälle oder die Einnahme von Medikamenten die Wirksamkeit der Pille vermindern.

4.3.3 Problematische Vorerkrankungen

Es gibt einige Erkrankungen, die mit einem Höhenaufenthalt schlecht oder überhaupt nicht zu vereinbaren sind. Nach größeren operativen Eingriffen sollte man etwa 6 Monate Zeit verstreichen lassen, bevor man Trekkingtouren oder gar Expeditionen in Angriff nimmt.

Beispielsweise bestehen oft nach Brüchen oder Verstauchungen am Bein oder Fuß noch wochenlang Schwellneigungen. Bei den langen Gehstrecken über Tage und Wochen während einer Trekkingtour können sich diese Schwellungen, die bei normalen, alltäglichen Belastungen gar nicht mehr aufgetreten sind, wieder einstellen. Auch oberflächliche Implantate (Metallplatten bei Knochenbrüchen) können bei diesen Belastungen oder in der Kälte Schwierigkeiten bereiten. Bei solchen Problemen sollte man sich gut von dem behandelnden Arzt beraten lassen und eventuell Vorsichtsmaßnahmen (z.B. Kompressionsstrümpfe, abschwellende Medikamente) treffen.

WISSEN

Erkrankungen,
die Unternehmungen in der Höhe ausschließen
oder
zumindest eine genaue Voruntersuchung und Beratung bedürfen

Absoluter Ausschluß:

starker Bluthochdruck
Angina pectoris
Herzinsuffizienz
ausgeprägte Herzrhythmusstörungen
ausgeprägtes Lungenemphysem
6 Monate nach größerer Op
6 Wochen nach schwereren entzündlichen Erkrankungen (Rekonvaleszenzphase)
aktivierte Arthrose
Epilepsie
akute Entzündungen
bösartige Tumore
dekompensierte Stoffwechselerkrankungen (z.B. Diabetes)

Weitere Abklärung oder Pausierung:

kompensierte Arthrose
kompensierte Stoffwechselerkrankungen
Zustand nach Operation oder Unfall
Zustand nach schwerer Entzündung oder Grippe
Bandscheibenschäden

4.4 Verhalten während der Tour

Akklimatisationsphase

Die beste Vorsorge gegen Störungen in der Höhe ist eine ausreichende Vorbereitung und eine adäquate Akklimatisation. Es gibt bisher **keine** medizinische Voruntersuchung, die über die individuelle Höhentauglichkeit Auskunft geben kann. Sicher ist, daß derjenige, der in Europa oder bereits bei früheren Höhenaufenthalten Symptome der akuten Bergkrankheit, ein Höhenlungenödem oder sogar ein Höhenhirnödem entwickelt hat, dazu prädestiniert ist, bei einem erneuten Aufenthalt in der Höhe wieder Schwierigkeiten zu bekommen.

Zeitdruck

Das Ablegen des »Alltagsstresses« bedarf nach dem langen und unbequemen Flug an den Zielort einige Zeit. Manche kommen dann schon mit leichten Schwierigkeiten der Hals-Nasen-Luftwege an. Lockere Kleidung und Bewegung während des Fluges beugen einem allzu großen Jetlag vor. Meist beginnt dann sofort die geplante Tour, es bleibt keine Zeit, um sich an das veränderte Klima anzupassen, ohne jede Pause geht´s ab in die Berge.

Viel Trekkingtouren und Expeditionen sind leider auch so geplant, daß zu wenig Reservetage eingerechnet werden, mit denen Erkrankungen, organisatorische Schwierigkeiten oder wetterbedingte Verzögerungen aufgefangen werden können. Das Ergebnis ist ein unangenehmer Zeitdruck während der gesamten Tour.

Treffen mit Papuas am Anmarsch zur Trikora-Spitze (4.800 m, Irian Jaya/Indonesien)

Gruppendynamik

Ein häufiges psychologisches Problem bei Gruppenreisen scheint eine sich zu verselbständigende Dynamik und der Ehrgeiz einzelner in der Gruppe zu sein: Es wird ein Ziel angepeilt, das schnell und auf eine gewisse Art und Weise zu erreichen ist. Auf die geringere Leistungsfähigkeit einzelner in der Gruppe wird keine Rücksicht genommen. Schwächere versuchen das Tempo aus falschem Ehrgeiz mitzuhalten und überfordern sich. Bei diesen Problemen, die wohl in jeder Gruppe auftreten, vor allem wenn sie (wie so oft bei Expeditionen und Trekkinggruppen) bunt zusammengewürfelt sind – ist eine individuelle Führung des Expeditionsleiters oder des begleitenden Trekkingführers gefordert. Bewährt hat sich, daß jeder Teilnehmer für sich das richtige Gehtempo wählt.

Langsamer Aufstieg

Die bekannte Regel *»don´t go to fast to high«* (»geh nicht zu schnell zu hoch«) ist schwer zu definieren, da natürlich die Akklimatisation ein individueller Vorgang ist und von der jeweiligen Situation abhängig ist. Als allgemeine Faustregel gilt, daß in Höhen über 2.500 m seltener Höhenbeschwerden auftreten, wenn nicht mehr als 400 m pro Tag aufgestiegen wird. Dabei hat sich der Ausdruck »Schlafhöhe« etabliert, der bedeutet, daß zwar durchaus mehr Höhenmeter aufgestiegen werden können, das Camp zum Übernachten jedoch nur 400 m höherliegt. Trotzdem gibt es Bergsteiger, die bei Höhendifferenzen von weniger als 300 m oder sogar an Rasttagen Beschwerden entwickeln, andere vertragen durchaus Aufstiege von mehr als 1.000 Höhenmetern. Die Wahrscheinlichkeit, bei Höhendifferenzen über 400 m Höhenbeschwerden zu bekommen, steigt jedoch deutlich an. Oft sind während einer Tour aus örtlichen Gegebenheiten oder organisatorischen Gründen diese 400 m nicht einhaltbar, hier sollte eventuell ein Rasttag einlegt werden.

Am Kami Tarn
(4.425 m, Mt. Kenya/Kenia)

Rasttage

An Rast- oder Akklimatisationstagen bleibt die Schlafhöhe gleich, und der Organismus hat somit weiter Zeit, sich an den gesunkenen Sauerstoffpartialdruck zu gewöhnen. Dabei bleibt es dem einzelnen überlassen, ob er einen echten Rasttag einlegen will oder bei Wohlbefinden einen Akklimatisationsmarsch auf eine größere Höhe mit Abstieg unternehmen will. Nach meiner Erfahrung, sind diese »aktiven Ruhetage« mit kleinen nicht erschöpfenden Märschen wirksamer für die Akklimatisation als Tage mit Nichtstun. Die Voraussetzung sollte allerdings relatives Wohlbefinden sein. Ab einer Höhe von 3.000 m empfiehlt es sich, pro weiteren 1.000 m zusätzlicher Höhe eine Woche einzuplanen. Das bedeutet: liegt das Ziel der Tour – ein Paß, ein Basislager oder ein Gipfel – auf z.B. 5.000 m, sollten 2 Wochen Anmarsch- und Akklimatisationszeit eingeplant werden.

Aktive Anpassung

Trekkingtouren, bei denen die Möglichkeit besteht, durch Lastwagen oder Flugzeuge näher und schneller an das Ziel zu gelangen, weisen eine deutlich höhere Anzahl an Teilnehmern mit höhenbedingten Beschwerden auf, als Touren, die vorneweg einen normalen Anmarsch zu Fuß durchführen (beispielsweise per Flugzeug nach Jomson (2.700 m) und dann zum Pass Thorong La (5.400 m). Schon die Ausgangshöhe ist viel höher, aber auch der passive Anmarsch bedingt eine schlechtere Einstellung und Sensibilisierung des Atemzentrums.

Man hat dieses Phänomen auch bei Minenarbeitern in Chile und bei einer Gruppe nicht arbeitender Indianern untersucht, die eine höhere Erkrankungsrate aufwiesen als diejenigen, die gleichzeitig mitaufstiegen, aber arbeiteten. Anscheinend führt eine vernünftige körperliche Belastung rascher zu einem guten Akklimatisationsstadium als ein passiver Anmarsch.

Auf dem Anmarsch zum Kangchenzönga, auf etwa 3.000 m Höhe.

Überanstrengung

Erschöpfende Belastungen, zu schnelles Gehtempo oder ein Höherschleppen bei Leistungsschwäche oder Durchfall führen nach einer Latenz von 24 Stunden oft zu Symptomen von AHK, ja sogar zum HLÖ. Aus eigener Erfahrung ist es unsinnig, nach kurzer Zeit auf über 4.000 m auf einer herrlichen Wiese im Basislager Fußballspielen zu wollen oder – wie es manche »Trainingsfetischisten« bevorzugen – Ausdauerläufe auch in der Höhe durchführen zu wollen. In beiden Fällen kann es zu ernsten Komplikationen führen. Oft ist es für diejenigen Personen wegen absoluter Müdigkeit und Leistungsschwäche für einige Tage nicht möglich weiter aufzusteigen. Physiologisch kann man diese Überanstrengungen damit erklären, daß jede starke Anstrengung eine anaerobe Belastung darstellt, die Sauerstoffschuld wird erhöht, was letztlich die respiratorische Alkalose vermehrt und damit das Risiko an AHK zu erkranken.

Flüssigkeitshaushalt

Die Flüssigkeitsverluste in Höhen um 5.000 m sind lange nicht so drastisch wie in extremen Höhen, in denen sie bis zu 7 Liter am Tag betragen können. Trotzdem verliert der Körper über die Atmung und die Verluste über Schweiß große Mengen an Wasser. Dunkler Urin spricht meist für eine Konzentration und damit für zu geringe Flüssigkeitsaufnahme. 1,5 Liter Urin sollten pro Tag produziert werden. Zu geringe Urinproduktion (siehe Kapitel Höhenstörungen) bedeutet, daß die Gefahr AHK zu haben oder zu entwickeln, deutlich ansteigt. So muß es während einer Trekkingtour zur Routine werden, während der Pausen ständig zu trinken. Oft laden unterwegs eine Vielzahl von Teehäusern dazu ein.

TAKTIK

Verhalten während der Tour

kein Zeitdruck
kein Aufstieg mit Erkrankungen
keine Überanstrengung, aber aktive Anpassung
langsamer Aufstieg (weniger als 400 Höhenmeter pro Tag)
eigene Reaktionen beobachten
(z.B. Urinmenge größer als 1,5 l pro Tag, Puls, Kopfschmerzen)

Landeplatz auf dem Kahiltna-Gletscher (2.300 m) am Mt. McKinley (6.198 m, Alaska/USA)

5. Extreme Höhe

5.1 Voraussetzungen

Expeditionen stellen noch weit höhere Anforderungen als dies schon bei den Trekkingtouren der Fall ist. Die Teilnehmer weisen nicht nur Unterschiede in Alter, Leistungsstand und Motivation auf, ihre Fähigkeit Kälte oder Entbehrungen aushalten zu können, muß besonders ausgeprägt sein. Die körperliche Belastung bei extremer Höhe und die Dauer einer Expedition erfordern einen enormen Einsatz. Interessante medizinische Aspekte über die Bedingungen, denen der Körper in extremen Höhen ausgesetzt ist, brachten zwei Unternehmungen:

Zum einen eine 45-tägige Untersuchung in einer Unterdruckkammer (»Operation Everest II«), in der der Luftdruck langsam auf den vergleichbaren Druck auf Everesthöhe gesenkt wurde. Dabei wurde bei einem Wissenschaftler, der Untersuchungen an den Probanden in der Unterdruckkammer in einer simulierten Höhe von 8.848 m durchführte, versehentlich die Sauerstoffzufuhr unterbrochen. Der Wissenschaftler wurde sofort bewußtlos – dies zeigt wiederum, welche extremen Bedingungen in diesen Höhen herrschen und wie Menschen bei einem akuten Druckverlust auf Eversthöhe reagieren.

Zum anderen brachte eine Expedition zum Everest (American Medical Research Expedition 1981), bei der an den Bergsteigern am Gipfel Blutuntersuchungen vorgenommen wurden, Ergebnisse, die bisher mit menschlichem Leben für unvereinbar galten. Auf dem Everestgipfel wurden arterielle Sauerstoffsättigungswerte von unter 50 % gemessen (Normalwert 98%) und ein $pC0_2$ in den Lungenalveolen von 7mmHg gemessen (Normalwert 40 mmHg), was wiederum die Hyperventilation als wichtigsten Anpassungmechanismus bestätigt

Wie gelingt es dem Menschen überhaupt, extreme Höhen über 8.000 m zu ersteigen, wenn eine Akklimatisation eigentlich nur in Höhen bis 5.300 m möglich ist?

Im ersten Kapitel wurde als bedeutendste physiologische Grundlage für eine Höhenanpassung die Hyperventilation dargestellt. Die kritische Schwelle (siehe Seite 15) für eine akute Sauerstoffnot wird damit von einer Höhe zwischen 5.000 und 6.000 m weiter nach oben gehoben (theoretisch zwischen 8.000 und 9.000 m). Dies gilt nur für den ruhenden Menschen. Jede körperliche Betätigung – Bergsteigen in extremen Höhen ist eine Maximalbelastung – reduziert zusätzlich die Sauerstoffversorgung. Diese Mangelsituation ist für den Organismus nur für eine kurze Zeit tolerierbar – am wenigsten für das Gehirn – die psychischen Veränderungen sind dafür ein deutliches Symptom. Wieweit der Sauerstoffmangel (Hypoxie) bleibende Schäden zurückläßt, ist nur schwer nachweisbar. Bei Extrembergsteigern, die sich öfters in Höhen über 8.000 m aufgehalten haben, fand man Einschränkun-

◁

Am Kangchung (6.103 m, Everest-Gebiet/Nepal), im Hintergrund der Mt. Everest (8.848 m)

gen des Lang- und Kurzzeitgedächtnisses und der Konzentrationsfähigkeit. So sind andere Sauerstoffmangelerscheinungen an weiteren Körperzellen (z.B. Herzzellen) durchaus möglich. Will man einen Aufenthalt in diesen Höhen ohne bleibende Schäden überleben, so bedarf es also immer einer optimalen Gesundheit.

Das Risiko beim Höhenbergsteigen liegt nicht nur in den alpinen Schwierigkeiten, sondern auch in der individuellen Reaktion auf die Hypoxie. Viele Todesfälle in der Höhe durch Erschöpfung oder Absturz beim Abstieg sind letztlich direkt auf den Sauerstoffmangel und die dadurch hervorgerufenen Symptome zurückzuführen.

Zwei große Gefahren birgt die extreme Höhe für den Bergsteiger: Zum einen bedingt die Hypoxie eine Leistungsschwäche und verringert die Leistungsfähigkeit des Gehirns. Zum anderen fördern die Flüssigkeitsverluste über die vermehrte Atmung ein Austrocknen des Körpers.

Wer ist für einen Aufenthalt in extremen Höhen geeignet?
Gibt es medizinische Parameter, die eine Vorhersage über die
Höhentauglichkeit für extreme Höhen erlauben?

Zu diesem Thema haben französische und amerikanische Wissenschaftler aufwendige Untersuchungen vorgenommen und festgestellt: Die frühzeitige Reaktion des Atemzentrums auf den gesunkenen Sauerstoffpartialdruck (»hypoxic ventilatory response«) läßt grobe Aussagen darüber zu, daß diejenigen, die früher hyperventilieren, weniger häufig Symptome der akuten Höhenkrankheit entwickeln.

Paradoxerweise sind es jedoch auch immer wieder erfolgreichste Bergsteiger, die schlechter auf die Hypoxie reagieren. Als gesichert gilt nur, daß Bergsteiger, die schon öfters akute Höhenkrankheit oder ein Höhenlungenödem entwickelt haben, weniger »höhentauglich« sind und eher Beschwerden entwickeln werden.

5.2 Taktik

Höhenstörungen bei 221 Expeditionsbergsteigern

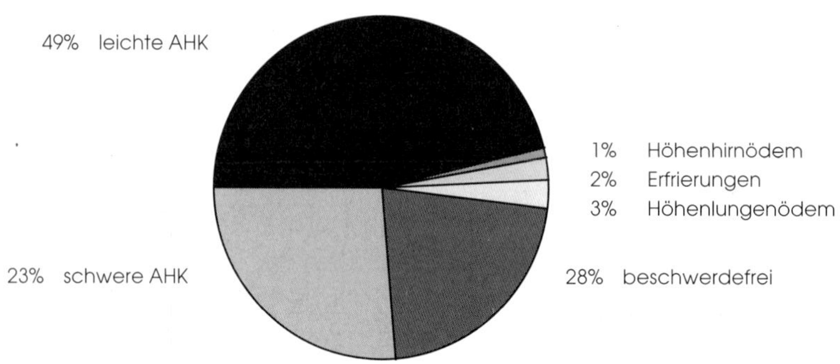

Obwohl man voraussetzen kann, daß bei einer Expedition im Vergleich zu einer Trekkingtour erfahrenere und leistungsstärkere Bergsteiger unterwegs sind und damit höhenbedingte Beschwerden weniger häufig auftreten sollten, bestätigen Untersuchungen dies nicht: Bei über 70 % von Expeditionsteilnehmern im Himalaya treten Symptome der akuten Höhenkrankheit auf. Hauptursache ist wie bei den Trekkingtouren der zu schnelle Aufstieg in die Höhe und ins Basislager.

Fragt man nach den Gründen für das Scheitern einer Expedition oder das Nichterreichen des Gipfel, so ergeben sich folgende interessante Ergebnisse:

Gründe für das Scheitern einer Expedition (d.h. hier das Nichterreichen des Gipfels) aus einer Befragung von 221 Bergsteigern
Beachte:
Die akute Höhenkrankheit steht hinter schlechtem Wetter bereits an zweiter Stelle !

Dies bedeutet, daß ein Großteil der Expeditionsbergsteiger bereits mit einer schlechten Akklimatisation im Basislager ankommt – bei vielen Expeditionen erfolgt der Anmarsch einfach zu schnell.

Unternehmungen, bei denen aus organisatorischen Gründen ein schneller und passiver Anmarsch, z.B. mit Lastwagen zum Basislager in Tibet oder per Flug auf hoch gelegene Landeplätze durchgeführt wird, weisen eine außerordentlich hohe Rate an höhenbedingten Komplikationen auf. Lhasa liegt auf 3.400 m: auch wenn nicht sofort nach der Ankunft losmarschiert wird, bedeutet dies in jedem Fall eine starke Belastung des Körpers, denn der Sauerstoffdruck ist hier bereits um ein Drittel erniedrigt. Eine Möglichkeit, die Akklimatisation zu verbessern, sind zusätzliche Rasttage, am besten mit Anpassungsmärschen.

Theoretisches optimales Aufstiegsschema für eine Expedition zu einem hohen Berg:

Der Anmarsch bis zum Basislager ist zeitlich lang genug, es werden nie große Höhenunterschiede bewältigt, das Basislager liegt hoch genug, die weitere Höhenanpassung geschieht durch den Aufbau der Höhenlager, der Gipfelanstieg selbst erfolgt sehr schnell.

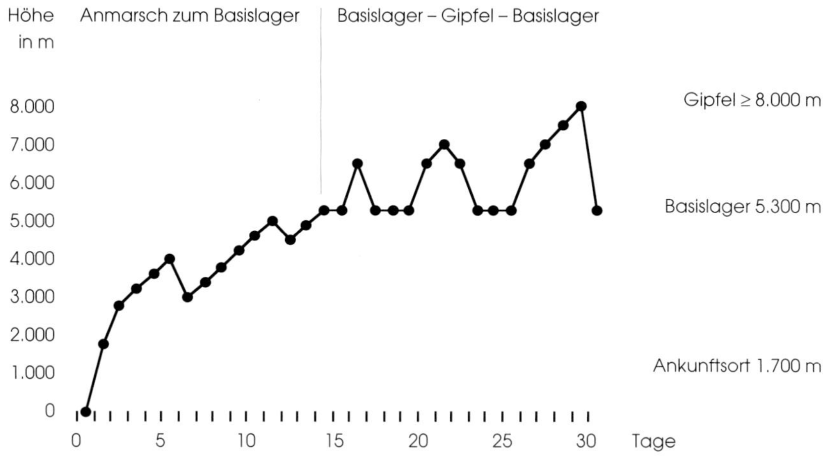

Im Unterschied zu den herkömmlichen Taktiken (Expeditionsstil) wird beim sogenannten Alpinstil ohne den schrittweisen Aufbau der Höhenlager auf einmal – sozusagen im Sturm – zum Gipfel aufgestiegen. Diese Taktik ist nur erstklassigen Expeditionsbergsteigern mit viel Erfahrung und optimaler Akklimatisation vorbehalten. Man muß daran denken, daß diese »Gipfelstürmer« sich zuerst durch eine Reihe von Gipfelbesteigungen – teilweise Siebentausendern – die nötige Akklimatisation geholt haben. Leider werden diese Akklimatisationstouren in der Presse selten erwähnt, so entsteht immer der Eindruck, im Alpinstil sei ein Achttausender in nur einer Woche zu »bezwingen«.

5.3 Veränderungen der körperlichen Leistung in extremer Höhe

Für die Sportmediziner waren die Olympischen Spiele 1968 in Mexiko City auf einer für einen Bergsteiger geringen Höhe von 2.300 m in wissenschaftlicher Hinsicht sehr ergiebig: Bereits auf dieser Höhe zeigte sich ein enormer Leistungsabfall in den Ausdauerdisziplinen, besonders den Langstreckenläufen. Im Gegensatz dazu erbrachten die Sprint- und Sprungdisziplinen durch den geringeren Luftwider-

stand phantastische Weltrekorde, die erst viel später durch bessere Trainingsbedingungen und intensive medizinische Betreuung gebrochen wurden. Das bedeutet, daß bei sportlichen Leistungen, bei denen große Muskelgruppen über mehr als zwei Minuten belastet werden, drastische Leistungsverluste zu erwarten sind. Bei Sportarten jedoch, deren leistungsbestimmende Faktoren hauptsächlich Maximalkraft, Schnelligkeit oder Koordination sind, ergeben sich kaum Veränderungen durch den gesunkenen Sauerstoffpartialdruck.

Bei der bereits zitierten Silver-Hut-Expedition (Höhe 5.800 m) 1960/61 kam es bei einigen Teilnehmern im Laufe der Zeit zu einem Gewichtsverlust, der schließlich bis zu 1,5 kg pro Woche betrug. Ursachen hierfür liegen nicht nur im mangelnden Appetit. Ein verschlechtertes Allgemeinbefinden mit Kopfschmerzen und anderen Begleiterscheinungen sowie die psychische Abnützung lassen kaum mehr Freude an den als lästig empfundenen Mahlzeiten aufkommen.

Neben der ungewohnten Ernährung und dem kontinuierlichen Gewichtsverlust kommen starke Erschöpfungszustände nach körperlicher Belastung hinzu. Muskuläre Schwäche sowie immer längere Erholungsphasen sind häufig. Jede Überanstrengung verschlechtert das Allgemeinbefinden enorm, der zusätzliche Sauerstoffmangel verringert die Erholungsfähigkeit. Diese verminderte körperliche Leistungsfähigkeit ist auch der Grund, warum aus extremen Höhen nur selten eine Bergung verunglückter oder erkrankter Bergsteiger möglich ist. Jede Hilfeleistung verdient hier als außergewöhnliche bergsteigerische Tat größte Anerkennung. Nur leistungsfähigste Bergsteiger haben hier noch die Kraft, zusätzlich über ihre eigenen körperliche Müdigkeit hinaus, anderen Hilfe gewähren zu können.

Je höher der Aufstieg, um so ausgeprägter werden die Symptome mit Leistungsschwäche und Gewichtsverlust. Bei Expeditionsbergsteigern, die sich bereits öfters in Höhen über 8.000 m aufhielten, konnte anhand von Gewebsentnahmen das Absterben einzelner Muskelzellen beobachtet werden. Interessant ist dabei, daß immer wieder ein enormer Muskelschwund im Ober- und Unterschenkel, also gerade den am stärksten beanspruchten Muskelgruppen, beobachtet wurde. Abnahmen von bis zu 6 cm an Oberschenkelumfang nach einem 10-tägigen Aufenthalt in Höhen zwischen 5.400 m und 8.000 m sind nicht ungewöhnlich.

Auf dem Anstieg zur Shisha Pangma (8.048 m/Tibet), auf 6.500 m Höhe zwischen Lager I und II.

Mangelnde Ernährung allein kann dieses Phänomen nicht erklären. Allerdings läßt sich ein großer Teil des Gewichtsverlustes auch auf den Wasserverlust (siehe auch Kapitel HÖHENSTÖRUNGEN, 2.5 Erfrierungen) in der Höhe zurückführen. Wie schnell Wasserverluste während einer körperlichen Leistung zu drastischen Einbußen der Leistungsfähigkeit führen, ist bei vielen Volksläufen oder bei besonders lang andauernden Wettkämpfen zu beoachten. Die Hämatokritwerte von aus extremen Höhen ins Basislager abgestiegenen Bergsteigern zeigen deutlich eine Eindickung des Blutes. Interessanterweise dauert es dann einige Tage mit großen Flüssigkeitsaufnahme (mehr als 5 Liter pro Tag), bis langsam wieder eine Normalisierung der Hämatokritwerte eintritt.

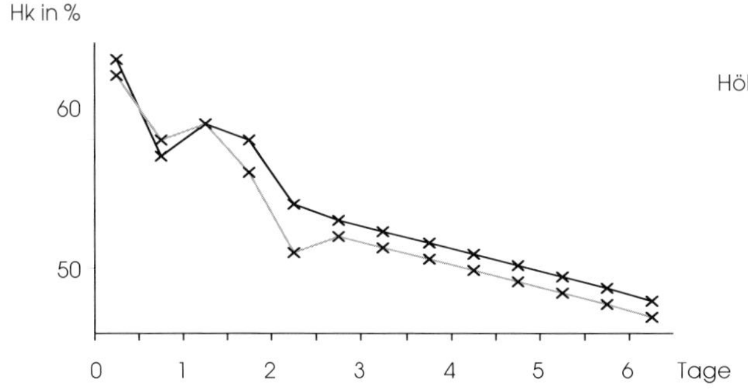

Die Normalisierung des Hämatokrits nach Höhenaufenthalten dauert trotz optimalen Trinkens einige Tage.

(Untersuchung von 2 Bergsteigern an der Shisha Pangma, 1988)

5.4 Höhenhusten

Eine lästige Begleiterscheinung in extremen Höhen ist der sogenannte Höhenhusten, von dem nur wenige Bergsteiger verschont bleiben.

»Von schrecklichen Hustenkrämpfen geschüttelt, die mich nicht freigeben wollten, obwohl ich den Höhen des Berges Adieu gesagt hatte, war ich vor drei oder vier Tagen – ich hatte die Zeit schon vergessen – hier eingetroffen, allein. (...) Was der Höhenhusten bedeutet, haben im Himalaya schon viele erfahren - auch die Erstbesteiger des Makalu, die Franzosen haben davon berichtet. Es ist ein Husten, den sich kein Mensch vorstellen kann: Dietlinde hat sich bei einem solchen Hustenanfall die Rippe gebrochen. (...) Ich sah keinen anderen Ausweg, als hinunter in den Urwald zu gehen.«

(Kurt Diemberger am Makalu, Gipfel und Geheimnisse)

Ursache dieses Höhenhustens ist in erster Linie die trockene Höhenluft, die die Schleimhäute der Atemwege enorm belastet. Aber auch eine gewisse Austrocknung des Körpers trägt dazu bei, daß die Drüsen im Atemtrakt nicht mehr genügend Flüssigkeit und Sekret bilden können. Der Husten ist trocken, das heißt: es wird kein Auswurf wie beispielsweise bei einer eitrigen Bronchitis produziert. Er kann anfallsartig so schwer werden, daß dadurch – wie es Kurt Diemberger beschreibt – Stressbrüche der Rippen auftreten. Wichtig ist die Prophylaxe mit ausreichender Flüssigkeitszufuhr und dem Lutschen von Bonbons, um die Speichelproduktion zu fördern. In großen Höhen ist der Husten äußerst schwer zu behandeln, oft versagen alle möglichen ansonsten bewährten Hustenmittel.

Mir persönlich haben am besten immer ätherische Öle und eine Unmenge von Lutschbonbons immer gut geholfen (siehe Kapitel Medikamente). Die gereizten Schleimhäute sind natürlich auch ein geeigneter Nährboden für virale oder bakterielle Infekte, daher muß der Husten im Basislager immer behandelt werden.

5.5 Künstlicher Sauerstoff

»Und Sauerstoff? Zum Gipfel des Dhaulagiri und des Broad Peak ging ich ohne; jetzt an diesem fünfthöchsten Berg der Erde werde ich das Gerät nehmen, und wenn es sein muß, ohne dieses nur so weit gehen, bis ich meine Grenze erkenne... das bedeutet, vielleicht auch bis ganz hinauf. Aber der Sinn ist es nicht, um jeden Preis und mit allen Mitteln oder ohne diese, einen Gipfel zu erreichen, ein Ziel anzustreben – das in Wirklichkeit weit weniger ist, als das Leben deines Gefährten, dein eigenes, deine Fähigkeiten, weiterhin klar zu denken und zu fühlen... ja, auch nur etwas davon hinzuopfern für einen Erfolg, der in Wirklichkeit dann ein Mißerfolg ist, selbst wenn der höchste Punkt erreicht wurde.«

(Kurt Diemberger am Makalu, aus: Gipfel und Geheimnisse)

Hohe Achttausender »by fair means« zu bezwingen, ist, auch im Zeitalter eines Reinhold Messners und vieler anderer, die Gipfel wie Mt. Everest oder K2 ohne künstlichen Sauerstoff erstiegen haben, immer noch ein großes Risiko.

Von den 48 Bergsteigern, die bisher auf dem Mt. Everest ohne künstlichen Sauerstoff standen, verunglückten 10 während des Abstiegs tödlich. Jeder, der dieses Risiko eingeht, muß wissen, daß er sich damit am Rande des Menschenmöglichen bewegt. Künstlicher Sauerstoff verbessert erwiesenermaßen die körperliche und psychische Leistungsfähigkeit in extremen Höhen.

5.6 Psyche

In Höhen ab etwa 6.800 m werden die psychischen Veränderungen immer häufiger; als eines der ersten Symptome läßt die Konzentrationsfähigkeit nach. Mechanische Bewegungsabläufe gelingen nicht mehr so gut und benötigen mehr Zeit.

Rucksäcke werden ein- und wieder ausgepackt, manche brauchen morgens Stunden, um abmarschbereit zu werden. Über Halluzinationen in Höhen über 7.000 m wird häufig berichtet:

»In diesen Stunden höchster Anspannung erfaßte mich ein eigenartiges Gefühl. Ich bin nicht mehr allein! Da ist ein Gefährte, der mich behütet, bewacht, sichert. Ich weiß, daß das Unsinn ist; aber das Gefühl bleibt... Erschreckt frage ich den rätselhaften Begleiter: »Hast Du meine Handschuhe gesehen?« – »Die hast du doch

verloren.« Deutlich höre ich die Antwort. Ich drehe mich um – sehe aber niemanden. »Bin ich schon wahnsinnig?«

(Hermann Buhl am Nanga Parbat, aus: 8000, drunter und drüber)

»Um mich herum aber beoachte ich Kinder, Männer und Frauen. Ich kenne sie nicht und will nichts von ihnen. Sie sind nur da, abwechselnd. Und ich unterhalte mich mit ihnen. Wir besprechen alles, was ich tue. Zum Beispiel , wenn ich auf den Höhenmesser schaue und die Striche zähle, um die er gefallen ist. (...) »Morgen kommst du zum Gipfel«, meinen sie. »Nur wenn das Wetter so bleibt.« »Es hält schon.«

(Reinhold Messner; Alleingang Nanga Parbat)

Darüber hinaus stellt sich zeitliche und örtliche Desorientierung ein. Aus eigener Erfahrung kann ich berichten, daß sich kurze Erholungspausen lange ausdehnen: schaue ich auf die Uhr, sind statt der geplanten zehn Minuten dreißig vergangen. Selbst kurz vor dem Gipfel der Shisha Pangma glaubte ich noch einen stundenlangen Weg vor mir zu haben, der aber dann doch in 10 Minuten geschafft war.

Diese Veränderungen der Psyche werden natürlich umso ausgeprägter, je länger der Höhenaufenthalt andauert und je schlechter der allgemeine Ernährungs- und Leistungsstand ist.

In Extremsituationen ist es häufig so, daß gewisse Charaktereigenschaften und auch Schwächen deutlicher in Erscheinung treten.

»Dein Freund in der Zivilisation kann auf dem Berg dein Feind werden; schon sein Atem hört sich neu und abstoßend an, seine Späße beim Essen, das Geräusch, das er beim Kauen macht, der kaum verhohlene Triumph, mit dem er die besten Leckerbissen aus dem Teller holt, die lächerliche Art wie er geht, sogar der Schnitt seiner Kleidung und die Farbe des Flickens auf seiner Hose kann Gereiztheit und Haßgefühle erzeugen, die man kaum noch erträgt.«

(Frank Smythe am Kamet)

Ich kann mich selber noch gut an die langen Zeltaufenthalte am Mt. McKinley erinnern: Mein damaliger Zeltpartner pflegte seine durchgeschwitzten Socken immer über meinem Kopf im Zelt zu trocknen, eine Angewohnheit, die mich innerlich zum Rasen brachte. Jedoch war es damals nicht möglich, emotionslos über diese Sache zu reden. Wochen später, bei Gesprächen bei einem Glas Bier, bleibt nur mehr ein Lachen über die damals heikle Situation.

Auffällig können auch ein starker Egoismus, ein übermäßiger Ehrgeiz und die Verengung des geistigen Horizonts werden, da man nur noch ein Ziel verfolgt: den Gipfel. Auf leistungsschwächere Kameraden wird keine Rücksicht mehr genommen, die Einschätzung ihrer Leistungsfähigkeit interessiert nur noch im Blick auf die eigene Gipfelchance, der Teamgeist nimmt ab.

Todesfälle in extremen Höhen resultieren oft aus einer Überschätzung der eigenen Leistungsfähigkeit. Euphorische Glücksgefühle, verbunden mit dem rapiden Leistungsverlust in Höhen über 7.000 m, führen zum Verkennen der realen Situation. Häufig glauben Bergsteiger bei einem fehlgeschlagenen Gipfelversuch oder

Unwohlsein in diesen Höhen, sie könnten sich durch einen Rasttag im letzten Hochlager erholen, was indes unmöglich ist. Über Nacht aber tritt dann ein weiterer Leistungsabfall ein, der den Erschöpfungstod zur Folge hat. Dazu gibt es eine Reihe von tragischen Beispielen in den letzten Hochlagern vor den Achttausendergipfeln wie auch am Südcol des Mt. Everest. Wir sollten daraus lernen, daß ein Aufenthalt in Höhen über 6.800 m so kurz wie möglich gehalten werden muß. Ist ein direkter Anstieg zum Gipfel nicht erfolgreich, muß sofort abgestiegen werden, eine Erholung ist erst wieder im Basislager möglich.

Extreme Höhe

kontinuierlicher Leistungsabfall über 5.300 m
auf 8.000 m weniger als ein Drittel der normalen Leistungsfähigkeit
unvorhersehbare individuelle Reaktionen durch Sauerstoffmangel
gefährliche psychische Veränderungen durch Sauerstoffmangel
hohe Flüssigkeitsverluste durch vermehrte Atmung

WISSEN

5.7 Erfahrungen

Die Erfahrungen, die weltweit auf Expeditionen gesammelt wurden, und die Erkenntnisse der Physiologie führen zu einigen dringenden Forderungen, die für das Gelingen der Expedition und das körperliche Wohlergehen ihrer Teilnehmer von elementarer Bedeutung sind:

1. Für den Anmarsch zum Basislager sind mindestens 8 bis 14 Tage einzuplanenwerden, wobei 8 Tage schon die unterste Grenze darstellen. Faustregel für den Anmarsch zum Basislager sollte sein: Für 1.000 Höhenmeter Anmarsch in Höhen über 3.000 m sollte eine Woche Zeit genommen werden.

2. Der Anmarsch sollte aktiv sein, Überanstrengungen und erschöpfende körperliche Belastungen sind jedoch zu vermeiden.

3. Das Basislager darf weder zu hoch noch zu tief liegen: In Höhen über 5.300 m kommt es unausweichlich zum kontinuierlichen Leistungsabfall und Gewichtsverlust. In zu tiefen Basislagern unter 4.500 m erfolgt eine zu geringe Akklimatisation an die Höhe.

4. Bevor vom Basislager aus zum weiteren Aufbau der Höhenlager aufgebrochen wird, muß die volle Akklimatisation an die Höhe des Basislagers erreicht sein. Meist sind nach dem Anmarsch mindestens 2 bis 3 Ruhetage zu empfehlen.

5. Ein langsamer Aufbau der Höhenlager dient der weiteren Akklimatisation. Nach den »Arbeitstagen« in der größeren Höhe benötigt der Körper immer einige

Ruhetage, bis sich die Akklimatisation auswirkt und der Organismus wieder seine volle Leistungsfähigkeit erreicht. Einige Tage im Basislager sind auch sinnvoll, um die Flüssigkeitverluste auszugleichen.

6. Der optimale Zeitpunkt für den Aufstieg auf einen Gipfel über 7.500 m scheint zwischen dem 25. bis 35. Tag zu liegen. Zu diesem Zeitpunkt ist zwar das Atemzentrum noch nicht optimal sensibilisiert, aber andererseits scheint der Kraft- und Leistungsverlust durch die Höhenaufenthalte noch nicht übergroß zu sein. Bei zu langen Aufenthalten im Basislager spielt der psychologische Aspekt der aufkommenden Langeweile und Unruhe eine negative Rolle.

7. Der geplante Gipfelaufstieg muß ohne Verzögerungen durchgeführt werden. Unnütze Aufenthalte oder Ruhetage über 6.500 m reduzieren das Leistungsvermögen drastisch und sind lebensgefährlich. Beinahe noch wichtiger ist ein schneller Abstieg nach dem Gipfelerfolg. Bereits am Gipfeltag sollte noch so tief wie möglich abgestiegen werden.

8. Flüssigkeitsverluste über die Atmung in extremen Höhen sind enorm. Um eine Austrocknung des Körpers zu verhindern, sollte man pro Tag in etwa 5 Liter Flüssigkeit zu sich nehmen.

9. Erkrankungen (Höhenlungenödem, Höhenhirnödem, schwerer Höhenhusten, schwere Durchfälle, grippale Infekte) können in extremer Höhe nicht, und auch nur selten im Basislager auskuriert werden. Ein Abstieg ist erforderlich, ein Wiederaufstieg darf dann erst bei voller Wiedergenesung erfolgen.

Wichtig ist dabei vor allem das genaue Beobachten seiner Kameraden in extremer Höhe: Bei ausgeprägten psychischen Veränderungen oder eindeutigen Erkrankungen muß abgestiegen werden.

10. Unter den Expeditionsteilnehmern muß, je nach Leistungsvermögen, der vernünftigste Weg zum Gipfel diskutiert werden: Expeditionsstil oder Alpinstil, künstlicher Sauerstoff oder »by fair means«.

Am Gipfelgrat des Dhaulagiri (8.167 m/Nepal) auf etwa 8.000 m, im Hintergrund Manaslu (8.156 m) und Annapurna (8.091 m)

6. Erkrankungen und Verletzungen

Gut 10% der Trekker erreichen aus gesundheitlichen Gründen ihr geplantes Ziel nicht, zum einen, weil sie ihren körperlichen Zustand überschätzen, zum anderen, weil sie wegen Durchfallerkrankungen frühzeitig abbrechen müssen. Ein Großteil dieser Personen könnte mit besseren Wissen über Hygiene und mögliche medizinische Probleme ohne weiteres seine Tour beenden.

6.1 Erkrankungen

Erkrankungen, die während oder am Beginn der Tour auftreten, können zu deren vorzeitigem Ende führen.

Man muß sich darüber im Klaren sein, daß eine Ausheilung schwererer Durchfallerkrankungen oder Atemwegsbeschwerden in der Höhe nur unter Ausnahmebedingungen möglich ist. Dabei ist davon auszugehen: Je höher man bereits gestiegen ist, desto schwieriger wird dies sein. Äußere Umstände, wie zunehmende Kälte oder mangelnde Erholungsmöglichkeiten in Zelten und einfachen Unterkünften mögen dafür ein Grund sein. Der psychische Leistungsdruck und eine verminderte Heilungskraft des Organismus in größeren Höhen tun das ihre dazu. Zwei Organsysteme stehen bei diesen Erkrankungen im Vordergrund: Der Verdauungstrakt und der Atmungsapparat.

6.2 Durchfall und Verdauungsprobleme

Erkrankungen des *Verdauungstraktes* sind eine häufige Begleiterscheinung bei Fernreisen in tropische oder subtropische Länder unter veränderten hygienischen Voraussetzungen. Jährlich sind davon etwa 6 Millionen Touristen betroffen. Die Wahrscheinlichkeit, während des Urlaubs in einem tropischen Land an einer Diarrhoe zu erkranken, beträgt je nach Land und Art des Urlaubs zwischen 20 bis 60 %.

Die häufigste Erscheinung ist die sogenannte *Reisediarrhoe*, eine Durchfallerkrankung, die durch Umstellung der Darmflora auf die geänderte Nahrung mit einer ungewohnten Bakterienbesiedlung entsteht. Unser Magen-Darm-Trakt mit seiner eingespielten Darmbakterienflora reagiert sehr sensibel auf Veränderungen dieser Bakterien, an die er nicht angepaßt ist. Hauptursache sind toxinbildende Kolibakterien, die einen vermehrten Flüssigkeitstransport in den Darm bedingen.

Die zweite, wesentlich schlimmere Erkrankung sind »echte« *Darminfektionen.* Die Zahl der Erreger ist dabei beinahe unbegrenzt hoch – sie reicht von Staphylo-

◁
Namche Bazar (3.440 m, Everest-Gebiet/Nepal), im Hintergrund der Tramserku (6.608 m)

kokken, Viren über Paratyphus, Typhus, Ruhr zu parasitären Erkrankungen (Würmer). Die Unterscheidung ist nur durch Stuhlproben im Labor möglich.

Mit allen diesen Erkrankungen geht jedoch neben Unwohlsein und Durchfall, eventuell verbunden mit Übelkeit und Erbrechen, vor allem eine Erscheinung einher, die gefährlich werden kann: die Austrocknung des Körpers durch Flüssigkeitsverluste über den Stuhl.

Diese Flüssigkeitsverluste sind bei starken Durchfallerkrankungen wie Typhus oder Ruhr nur schwer durch Trinken auszugleichen.

Hygiene in der Expeditionsküche gehört zu den wichtigsten Maßnahmen zur Prophylaxe von Erkrangungen des Magen-Darm-Traktes

Die wichtigste *prophylaktische Maßnahme*, um nicht an Durchfällen zu erkranken, sind die persönliche Hygiene und der Verzicht auf ungewaschenes Obst und Gemüse. Es genügt auch nicht, die Lebensmittel mit normalem Wasser zu waschen, da in tieferen Lagen das Wasser meist verunreinigt ist. Obst und Gemüse kann geschält werden, kalte Getränke sollten nur aus geschlossenen Flaschen ohne Eiswürfel zu sich genommen werden. Bei den Flaschen ist darauf zu achten, daß sie noch original verschlossen sind. Besser und magenschonender sind gerade in tropischen Ländern heiße Getränke.

Salate und Speiseeis, auch wenn sie noch so verführerisch aussehen, sind immer ein großes Risiko: Salate werden, meist mit verunreinigtem Wasser gewaschen, Eis wird mit verunreinigtem Wasser zubereitet, Milcheis ist ein bevorzugter Träger von Salmonellen.

Auch die Zähne sollte man sich mit desinfiziertem Wasser oder Tee reinigen.

Bei Trekkinggruppen oder Expeditionen empfiehlt es sich, daß der begleitende Arzt oder Führer in den ersten Tagen die Hygiene der Küche (Koch, Küchenjunge und weitere Helfer) überprüft und nötigenfalls zu richtiger Hygiene anleitet.

Dazu gehört das Desinfizieren von Waschwasser mit Kaliumpermanganat (es genügen wenige Körnchen, bis das Wasser leicht violett gefärbt ist; dann 20 bis 30 Minuten stehen lassen, bis die Desinfektion wirkt), das Waschen von Obst, Gemüse und Geschirr mit desinfiziertem Wasser und vor allem auch die persönliche Hygiene.

Andere Möglichkeiten zur Desinfizierung von Trinkwasser sind Abkochen (mindestens 5 Minuten, um alle Keime abzutöten) oder Entkeimungsfilter. Bei der Verwendung von Entkeimungstabletten (z.B. Mikropur®) ist auf die Einwirkzeit von einer Stunde zu achten. Kaliumpermanganat stellt keine hundertprozentige Keimfreiheit her, reduziert aber die Keimanzahl bedeutend.

Außerdem sollte darauf geachtet werden, daß Fleisch gut gebraten oder durchgekocht wird – viele Parasiten handelt man sich über rohes oder halbgares Fleisch ein. Am Anfang der Reise sollte man mehrere Tage lang nur gezielt risikolose einheimische Kost zu sich nehmen und noch nicht in »einfachere« Lokale gehen, damit sich die Darmflora langsam an das neue Spektrum gewöhnen kann. Danach kann man meist ohne größere Probleme die einheimischen Garküchen und Kochtöpfe ausprobieren.

Prophylaxe gegen Durchfall und Verdauungsprobleme

Überprüfung der Küche und des Personals
Waschen von Obst und Gemüse mit Kaliumpermanganat
Zähneputzen mit desinfiziertem Wasser oder Tee
Obst schälen
keine Speiseeis oder Eiswürfel
keine Salate
kein rohes oder halbgares Fleisch
dem Magen Zeit zur Gewöhnung lassen
bestes Getränk: Tee

Medikamentöse Prophylaxe von Durchfallerkrankungen ist wegen des großen Erregerspektrums kaum möglich, außerdem haben Antibiotika zahlreiche Nebenwirkungen. Eine ungezielte Prophylaxe würde wiederum das Auftreten von Resistenzen fördern, was dann im Falle einer echten Infektion die Therapie problematisch werden läßt.

Die meisten leichteren Erkrankungen verschwinden auch ohne Therapie von selbst nach 1 bis 3 Tagen. Wichtigste Maßnahme ist der Ersatz der verlorenen Flüssigkeit mit leicht gesüßtem Tee, nicht zu kaltem Coca Cola oder Wasser mit Elektolytzusatz (z. B. Elotrans®).

Die WHO empfiehlt bei Durchfallerkrankungen die sog. ORS (oral rehydration solution): 1 Teelöfel Kochsalz, 1 Teelöffel Backpulver, 1 Tasse Orangensaft, 4 Eßlöffel Zucker auf 1 Liter gekochtes Wasser. Dies ist eine optimale Konzentration von Zucker und Salzen, dabei wird Natrium zusammen mit Wasser aus dem Darmlumen bestens resorbiert. Nahrung sollte so wenig wie möglich eingenommen werden, am besten Kekse, trockenes Brot oder Reis.

Bei stärkeren Durchfällen kann man kurzfristig Medikamente, die die Darmbeweglichkeit hemmen (Imodium®), einnehmen. Die Gefahr besteht allerdings in einer längeren Verweildauer der Bakterien oder derer Gifte im Darm.

Durchfälle, die mit hohem Fieber verbunden sind, länger als 5 bis 7 Tage dauern oder blutig-schleimige Durchfälle, benötigen eine antibiotische Therapie und ärztliche Behandlung. Als Antibiotikum hat sich Ciprobay® mit einer Dosierung von zweimal 500 mg/Tag bewährt, aber es gibt auch Durchfallerkrankungen (Amöbenruhr, Darmparasiten), die mit Antibiotika nicht zu behandeln sind.

THERAPIE

Therapie Durchfallerkrankungen

viel Flüssigkeit
Elektolyte (Elotrans®)
wenig feste Nahrung
Imodium®
selten Antibiotikum (Ciprobay®)
kein Höhenaufstieg bei schweren Durchfällen

Seltener als Durchfälle sind *Blähungen und Völlegefühl.* Dies kann von ungewohnter, blähender Kost mit Kohl, Linsen oder sehr fetten Speisen herrühren, die die Galle oder Bauchspeicheldrüse zeitweise überlasten. Aber auch bei Durchfällen können durch gärende Vorgänge im Darm und durch Bakterien Blähungen entstehen.

Einige diätetische Tage lassen diese Beschwerden meist verschwinden, selten sind pflanzliche oder enzymatische Präparate (z.B. Lefax®) notwendig. Probleme mit der Verdauung entstehen in Höhenlagen auch durch Veränderungen des Flüssigkeits- und Säure-Basenhaushalts. Durch die vermehrte Abatmung von Kohlendioxid werden dem Körper Säuren entzogen, was sich auch auf die Verdauung (Magensäure, Gallensäuren) auswirken kann. Ursache von Verstopfungen sind meist Flüssigkeits- und Ballaststoffmangel. Gemüse, Obst und viel Tee beheben diese Unannehmlichkeiten in der Regel schnell.

Bei Durchfallerkrankungen, die noch nach der Rückkehr in Europa anhalten, muß baldmöglichst ein Arzt aufgesucht werden. Durch eine Stuhlprobe kann der Erreger festgestellt und die dementsprechende Therapie eingeleitet werden.

6.3 Erkrankungen des Atmungstraktes

Erkrankungen des Atemtrakts mit Schnupfen, Heiserkeit, Husten und Bronchitis zählen zu den häufigsten Schwierigkeiten, mit denen Bergsteiger zu tun haben. Ursache ist oft bereits die trockene Luft im Flugzeug, die die Schleimhäute (Lippen, Rachenraum, Brochien, Nase) austrocknet und dadurch Infektionen auslösen kann.

Vorbeugend sollte bereits während des Fluges auf ausreichendes und häufiges Trinken (2oo ml pro Stunde) geachtet werden. Lutschpastillen oder Kräuterbonbons wirken ebenfalls einer Austrocknung der Schleimhäute entgegen.

In großen Höhen leiden viele Bergsteiger häufig unter unangenehm trockenen Nasenschleimhäuten. Als Folge davon kann es zu Einrissen und Verschorfungen kommen. Häufiges Einfetten der Lippen und Nasenschleimhäute mit Fettstiften oder Vaseline hilft, diese feucht und geschmeidig zu halten. Bei wunden Schleimhäuten kann durch Wundsalbe (z.B. Bepanthen®) Linderung erreicht werden.

Unter trockener Luft leiden aber nicht nur die oberflächlichen Schleimhäute von Nase und Lippen, sondern auch Bronchien und Lungenbläschen können austrocknen und sind damit anfälliger für Infektionen, Bronchitis oder gar eine Lungenentzündung.

Auch die klimatische Umstellung vom kühlen Europa zu den tropischen Temperaturen am Zielort kann die Atemwege belasten. Vor allem starkes Schwitzen unter tropischen Bedingungen kann in Pausen leicht zu Verkühlung führen, wenn verschwitzte Kleidung nicht ausgezogen, sondern wärmende Kleidung nur übergezogen wird.

URSACHEN

Ursachen

trockene Luft im Flugzeug
Klimaumstellung
trockene Luft in der Höhe
Staub
Verkühlung durch Schwitzen

PROPHYLAXE

Prophylaxe

Kräuterbonbons oder Lutschpastillen
viel trinken
Fettcreme für Nasenschleimhäute
vor Verkühlung schützen

Oft hält ein »trockener Höhenhusten« nach längerem Höhenaufenthalt noch einige Zeit an. Die Lungengewebszellen reagieren empfindlich auf die Hypoxie und die trockene Luft. Langandauernder Husten nach der Rückkehr – auch nach einem Höhenlungenödem – sollte aber unbedingt genauer diagnostiziert werden. Das heißt, es müssen dann eine Lungenübersichts-Röntgenaufnahme angefertigt und ein Blutbild abgenommen werden, um ernstere Erkrankungen wie Tuberkulose (eine der häufigsten Erkrankung in den Entwicklungsländern), eine chronische Bronchitis oder Lungenentzündungen auszuschließen.

6.4 Entzündungen der Augen

Die extreme Sonneneinstrahlung mit hohem UV-Anteil und der oft ständige Wind reizen die Augen und führen nicht selten zu Bindehautentzündungen (Konjunktivitis). Typisches Symptom ist das vermeintliche Fremdkörpergefühl im Auge. Beste Prophylaxe bietet das ständige Tragen einer Sonnenbrille, deren Gläser in der Lage sind, die UV-Strahlung zu filtern. Auf Gletschern und in extremen Höhen sollten die Brillen das Auge auch seitwärts schützen. Bei empfindlichen Augen empfiehlt sich die Prophylaxe z.B. mit Chibro®-Uveline.

Davon abzugrenzen sind bakterielle Entzündungen der Augen, die in Entwicklungsländern häufig vorkommen und dort sogar zu Erblindungen führen. Viele Kinder sieht man in Nepal oder Indien mit tränenden Augen oder eitrigen Belägen.

Diese eitrigen Beläge unterscheiden eine bakterielle Entzündung von einer Reizkonjunktivitis. Ursache ist oft, daß Touristen Träger oder Kinder durch die Kamera sehen lassen und dadurch meist hochansteckende Erreger auf das eigene Auge übertragen werden. Bei der Behandlung muß man strengste Vorsicht (Händedesinfektion) walten lassen, um die Infektion einzudämmen. Hier ist mit einer antibiotischen Augensalbe (z.B. Aureomycin® Salbe) konsequent zu behandeln. Die Schonung des Auges mittels einer Augenklappe lindert zusätzlich die Schmerzen.

6.5 Oberflächliche Hautverletzungen

Felsklettern bedingt oft oberflächliche Riß- und Schürfverletzungen an Fingern und der Hand, die unter Normalbedingungen problemlos abheilen. In Höhen über 4.000 m kommt es erfahrungsgemäß zu einer verzögerten und schlechteren Wundheilung. Teilweise bilden sich auch nässende, weißgelbliche Beläge. Eine tägliche, reinigende Wundbehandlung mit Kamillebädern (auch Bäder mit anderen desinfizierenden Mitteln sind möglich) ist enorm wichtig. Anschließend kann z.B. Mercurochrom® (ein chromhaltiges Desinfektionsmittel, das nässende Wunden austrocknen läßt) aufgetragen werden.

6.6 Knieschmerzen

Ursache für Kniebeschwerden bei längeren Touren ist beim Bergsteigen keine Verletzung, sondern eine Überlastung des Knorpels im Gleitlager zwischen Kniescheibe und Oberschenkel. Vor allem Bergablaufen ist für das Kniegelenk und das

Kniescheibengleitlager eine maximale Belastung, es treten dabei ein hoher Kniescheibenanpreßdruck und enorme Bremskräfte auf.

Die Schmerzen äußern sich oft durch ein dumpfes, brennendes Gefühl unterhalb oder hinter der Kniescheibe und verstärken sich insbesondere beim Bergabgehen. Auch das Überbeugen schmerzt, Kälte und Nässe können als unangenehm empfunden werden. Bei stärkerer Ausprägung der Beschwerden kann es zur Schwellung im Kniebereich kommen, die durch einen Erguß im Gelenk entsteht. Die Entwicklung eines Kniegelenkergusses hat man sich so vorzustellen: Bei mechanischen Überlastungen des Gelenkknorpels kommt es zu Mikroverletzungen des Knorpels, Enzyme werden ausgespült, und reizen die Gelenkinnenhaut. Diese wiederum bildet vermehrt Gelenkflüssigkeit – den tastbaren Erguß. Oberhalb der Kniescheibe ist er am besten zu tasten, da hier sich der eigentliche Reserveraum des Gelenkes befindet.

Neben der primären Ursache einer Überlastung oder Überanstrengung des Kniegelenkes sind noch mitbeeinflussende Faktoren festzustellen:

1) Die Oberschenkelmuskulatur ist schlecht ausgeprägt, besonders der innere Kniestrecker, der eine außerordentlich wichtige Funktion in der Stabilisierung der Kniescheibe besitzt. Auch bei Sportlern findet sich interessanterweise manchmal eine Abschwächung dieses Muskels, der schnell auch bei Verletzungen oder Nichtgebrauch mit einem sichtbaren Muskelschwund reagiert.

2) Die Muskulatur am Oberschenkel und der Hüfte (Kniestrecker und -beuger, Hüftbeuger) ist verkürzt. Spezielle sportliche Fehlbelastungen, falsches Training und fehlendes Stretching führen zu Verkürzungen dieser Muskelgruppen, die einen wichtigen Einfluß auf die Kniemechanik nehmen und den Anpreßdruck der Kniescheibe an das Gleitlager am Oberschenkel verstärken können. Daneben haben auch Änderungen der Beckenstellung durch den starken Zug des Quadrizeps (einer der stärksten Muskeln des menschlichen Körpers) Einfluß auf die Kniescheibe.

3) Die Knieschiebe hat anlagebedingte Fehlstellungen oder Fehlentwicklungen.

4) Die Trainingsvorbereitung der Oberschenkelmuskulatur für die langandauernde Belastung beim Bergsteigen war ungenügend.

5) Der Knorpel hinter der Kniescheibe ist krankhaft verändert.

6) Durch das ungewohnte Bergabgehen entstehen direkte Überlastungen des Knorpels.

Bereits vor Beginn der Unternehmung müssen in Blick auf die Belastung des Knies einige Vorsichtsmaßnahmen beachtet werden: Die *Bergschuhe* sollten nicht zu schwer, dabei aber trotzdem stabil und mit guter Sohle versehen sein.

Besonders Frauen, die meist leichtes Schuhwerk gewöhnt sind, sollten unbedingt auf das Gewicht der Schuhe achten. Leichttrekkingschuhe besitzen oft eine

An der Shisha Pangma (8.048 m/Tibet) auf etwa 7.300 m
In extremen Höhen unterstützen Skistöcke auch die Atemhilfsmuskulatur und erleichtern so das Gehen

Sohle, die biegsamer und damit bequemer als die sonst verwendete Vibramsohle ist. Sie ist bei Nässe jedoch weit weniger rutschfest.

Skistöcke gehören bei längeren Unternehmungen, insbesondere Trekkingtouren oder Expeditionen für alle Bergsteiger, nicht nur die älteren, unbedingt zur Grundausrüstung. Sie nehmen den Kniegelenken etwa ein Drittel an Gewicht und Belastung ab.

Es fällt immer wieder auf, wie bei Trekkingtouren die Benützer von Skistöcken geradezu als »Oldies« belächelt werden, daß sich aber schon nach wenigen Tagen die Skeptiker zuerst einen und bald einen zweiten Bambusstock als Ersatz schnitzen.

Aber auch der Einwand, die Benützung von Skistöcken verringere Trittsicherheit und Gleichgewichtsgefühl, ist so nicht haltbar, denn Bergsteiger, die zu den hohen Bergen der Welt fahren, haben sich die nötige Trittsicherheit vorher bei kleineren Touren in den Alpen erworben. Auch erleichtern Skistöcke in extremen Höhen über 7.000 m das Gehen und Atmen, da sie die Atemhilfsmukulatur unterstützen. Überdies sind sie beim Abtransport von Bergsteigern mit Höhenlungenödem behilflich und wichtig.

Kommt es trotz guter Vorbereitung und trotz der Benutzung von Skistöcken dennoch zu Kniebeschwerden während der Tour, stellt sich zuerst die Frage, ob die Unternehmung überhaupt fortzusetzen ist. Bei größeren Ergüssen und Schwellungen des Kniegelenkes wird ein Weitergehen schmerzbedingt nicht mehr möglich sein.

Bei Schmerzen ohne Ergußbildung kann man durch kalte Umschläge, Salbenverbände über Nacht oder ein Antiphlogistikum (z.B. Voltaren® resinat 2 bis 3 mal pro Tag nach den Essen) Linderung verschaffen. Wenn kalte Umschläge eher unangenehm sind, wird man versuchen, durch warme oder heiße Auflagen Besserung zu erreichen – der Einzelfall muß zeigen, ob Wärme oder Kälte angenehmer ist. Meistens hilft bei einer akuten Überlastung im Anfangsstadium eher eine Kältebehandlung.

Stützende Kniebandagen, wie Genutrain® oder ein gut angelegtes Tape, vermindern die Schmerzen während des Gehens.

Meist werden diese Schmerzen nach einigen Tagen von alleine leichter, wenn sich der Bewegungsablauf auf die Belastung eingestellt hat. In dieser Zeit sollte man das Rucksackgewicht so weit wie möglich reduzieren und die Schrittlänge beim Gehen bewußt klein halten sowie auf Sprünge verzichten.

Am Anmarsch zum Ruwenzori auf etwa 4.000 m in den Sümpfen in der Nähe des Bujuku-Sees In unwegsamem Gelände unterstützen Skistöcke oft das Gleichgewicht

6.7 Rücken- und Schulterbeschwerden

Ein zweiter neuralgischer Punkt bei längeren Touren ist der Rücken. Beschwerden werden durch die ungewohnte Last des Rucksackes ausgelöst oder verstärkt. Auch hier stellt sich die Frage, wann es vernünftig ist, die Tour abzubrechen.

Das ist immer dann der Fall, wenn ein *Bandscheibenvorfall* mit Symptomen am Fuß oder Bein vorliegt – Taubheitsgefühl der Zehen oder Füße und Ausfälle der Muskulatur (Schwäche oder die Unmöglichkeit, auf Ferse oder Zehen einbeinig stehen zu können). Dann ist der Abtransport oder Abmarsch mit einer baldigen ärztlichen Behandlung unumgänglich.

Bandscheibenvorfälle sind beim Bergsteigen aber äußerst selten. Deshalb ist eine ganze Reihe anderer Erkrankungen eher in Betracht zu ziehen. Meist sind es *muskuläre Verspannungen* der Schulter und Rückenmuskulatur oder *Blockierungen der Wirbelgelenke*, die durch ungewohntes Liegen auf harten Unterlagen und durch das Rucksacktragen ausgelöst werden. Solche Beschwerden lassen sich vor Ort meist nur mit Hilfe von Antiphlogistika (z.B. Voltaren®) behandeln. Wärmeauflagen mit einem warmen oder heißen Handtuch als »Fangopackung« tun am Ende einer Tagesetappe gut. Ansonsten sollte man versuchen, durch Stretching Entlastung für den strapazierten Rücken zu gewinnen (vorher sinnvolle Übungen erlernen!).

SYMPTOME

Rückenbeschwerden Symptome

muskuläre Verspannungen
Blockierungen der Wirbelgelenke
Nerven- und Gefäßengpässe (selten)
Bandscheibenvorfall (selten)

Ein mitentscheidender Faktor ist das Material und die richtige Trageweise des Rucksackes. Schon beim Kauf sollte man wissen, wozu der Rucksack später eingesetzt wird, da die Hersteller heute eine breite Palette verschiedenster Modelle anbieten (z.B. Tourenrucksack, Tagesrucksack). Probetouren mit entsprechendem Gewicht sind unumgänglich. Im Hinblick auf den späteren Tragekomfort sind mehrere Punkte zu beachten:

Oft sind die Trageriemen des Rucksacks zu straff eingestellt, was zu Beeinträchtigung der Nerven und Gefäße in der Achsel führen kann. Symptome sind ein Kribbeln oder Taubheitsgefühl in den Fingern und Händen. Hier muß der Rucksack richtig eingestellt und eventuell das Gewicht reduziert werden.

Auch das falsche Auf- und Abnehmen des Rucksackes kann den Rücken belasten. Die höchsten Belastungen für die Bandscheiben stellen Dreh- und Bückbewegungen mit Gewicht dar, das Bandscheibengewebe wird hierbei maximal komprimiert. Bei vorgeschädigten Bandscheiben stellt dieses sog. *Verhebetrauma* die häufigste Ursache für einen plötzlichen Vorfall dar. Als Vorbild nehme man sich die einheimischen Träger in Nepal, die oft mit primitivsten Tragevorrichtungen Gewichte von 50 kg schleppen: Die Last wird auf den häufigen Rastplätzen aus Stein auf einer Erhöhung abgestellt, der Träger geht dabei leicht in die Knie, nimmt die Last auf oder streift sie ab. Drehbewegungen in der Wirbelsäule werden damit ebenso wie Bücken vermieden.

Beim Packen des Rucksackes ist es wichtig, darauf zu achten, daß schwere Gegenstände unten und körpernah verstaut werden.

Rückenbeschwerden können auch durch Verkühlungen ausgelöst werden. Deshalb sollten nasse T-Shirts bei Gehpausen schnell gewechselt oder wenigstens eine Jacke darübergezogen werden. Geringer Luftzug kann zu lästigen Verspannungen der Muskulatur führen.

Einheimische Träger müssen oft Lasten bis zu 50 kg mit primitivsten Tragevorrichtungen schleppen.

TIP

Tragesystem Rucksack

auf die Körpergröße einstellbar
gut gepolstert am unteren Teil des Rückens aufsitzend
Gewicht zu einem großen Teil auf dem Hüftgurt

Tragegurt mit gutgepolsterten, breiten Riemen,
die in der Achsel nicht einschneiden

6.8 Zehennägel

Eingewachsene Zehennägel, verursacht durch ungewohnte Schuhe, können bei längeren Touren zu großen Ärgernissen werden. Sie entzünden sich leicht, ein Weitergehen ist dann nur unter unangenehmen Schmerzen möglich. Bei längerem Abwärtsgehen können zu lange Nägel auch in gut sitzenden Schuhen durch ständiges Anstoßen am vorderen Schuhrand Blutergüsse am Nagelfalz oder unter dem Nagel auslösen. Gerades Abschneiden der Nägel schon vor der Tour ist entscheidend, da diese Probleme während der Tour oft nur schwer oder überhaupt nicht mehr zu beheben sind.

6.9 Blasen

Auch sie entstehen häufig in wenig eingelaufenen oder schlecht gebundenen Schuhen. Die beste Behandlung besteht im sterilen Öffnen der Blasen mit einer Kanüle an ein oder zwei Stellen und dem vorsichtigen Ausdrücken der Flüssigkeit.

Meist vertrocknen sie dann schnell von selbst. Während des Marsches sollten sie mit einem sauberen Heftpflaster und darübergeklebtem Tape geschont werden.

Oft sieht man Trekker, die versuchen, zwischen Blase und Schuh Watte zu stopfen. Hierdurch erhöht sich jedoch nur der Druck auf die schmerzende Stelle. Sinnvoller ist es, ein kleines Polster rechts und links der Blase anzubringen, um dadurch die Stelle zu entlasten.

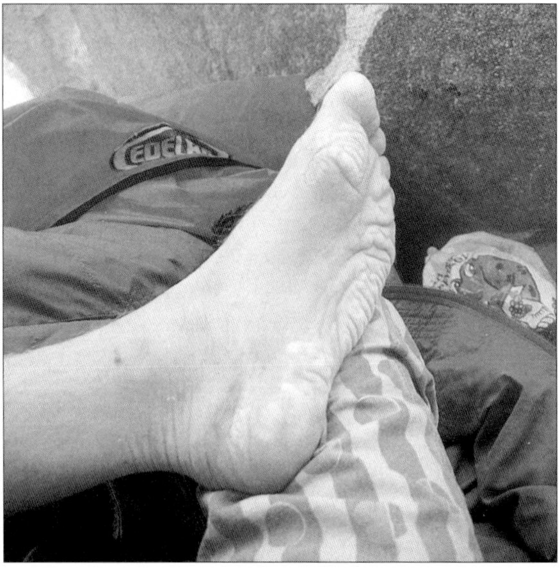

Langes Gehen in feuchten Schuhen kann auch zu Blasenbildung führen

Chapatibäcker in in einem Ort am Karakorum-Highway
Das Fladenbrot gehört zu den wenigen Dingen, die man auch mit einem »europäischen Magen« ohne Probleme von Anfang an genießen kann.

7. Ernährung

Die richtige Ernährung ist für Spitzenleistungen im Sport unabdingbar. Nicht von ungefähr mehren sich die Artikel in Sportzeitschriften und Magazinen zu diesem Thema. Sicher ist, daß die Ernährungsgewohnheiten sowohl der durchschnittlichen Bevölkerung, als auch vieler Breiten- und Leistungssportler, in Mitteleuropa verbesserungswürdig sind.

Auch bei vielen Bergsteigern besteht eine gewisse Unsicherheit, wie sie sich unter den besonderen Bedingungen der Höhe oder während einer Expedition optimal ernähren sollen. Einerseits gibt es immer noch die Meinung, daß zu einer richtigen Brotzeit unbedingt eine Speckjause gehört, andererseits habe ich erlebt, daß auf einer hochgelegenen Hütte in den Westalpen ein Bergsteiger mit der mitgebrachten Getreidemühle seine Körner selbst mahlte, um sich ein frisches Müsli zubereiten zu können: zwei Extreme, die freilich nicht unbedingt auf die Mehrzahl der Bergsteiger oder Sportler zutreffen. Da die Diskussion über die Ernährung – wie es mir scheint – immer auch ein wenig ideologisch gefärbt ist, scheint mir eine sachliche Auseinandersetzung mit diesem Thema wichtig.

Auf den folgenden Seiten soll neben einer Übersichtsinformation mit allgemeinen Gesichtspunkten besonders auf praktische Fragen der Ernährung während der Tour eingegangen werden.

7.1 Physiologische Grundlagen

Eine ausgewogene Ernährung mit einer leistungsorientierten Ausrichtung hat verschiedene Gesichtspunkte unter einen Hut zu bringen:

1) Es müssen genügend Kalorien aufgenommen werden, um die Energiebilanz zwischen Bedarf und Verbrauch ausgeglichen zu halten (in erster Linie Kohlenhydrate und Fette).

2) Neben der reinen Kalorienzufuhr benötigt der Organismus Stoffe, die das Stütz- und Bewegungssystem (Baustoffwechsel) unterstützen (Proteine, Aminosäuren, Calcium, Phosphor).

3) Im Betriebsstoffwechsel (enzymatische und hormonelle Steuerungen) werden Aminosäuren, Vitamine, Mineralstoffe und Spurenelemente benötigt.

4) Der Elektrolyt - und Wasserhaushalt ist nur in einem relativ engen Rahmen

◁
Ama Dablam (6.856 m, Everest-Gebiet/Nepal)

funktionsfähig. Ionen halten den osmotischen Druck in den verschiedenen Flüssigkeitsräumen konstant und sind für die Reizleitung der Nerven verantwortlich (Kalium, Natrium). Wasser wird als Transport- und Lösungsmedium benötigt. Geringe Verluste während einer körperlichen Leistung führen bereits zu deutlichen Leistungseinbußen.

5) Weiterhin werden auch gewisse Ballaststoffe der Nahrung im Darm zum besseren Transport, zur optimalen Verdauung und zur Aufnahme der Nährstoffe benötigt.

6) Nicht zuletzt spielt die Zubereitung (Kochen, Rohkost) oder Art der Nahrungsaufnahme (geschrotet, vegetarisch, Zusatzstoffe usw.) eine wesentliche Rolle in der Qualität unserer Nahrung.

Energie für die Aufrechterhaltung sämtlicher Lebensvorgänge, wie auch für körperliche Leistungen wird aus den drei Nahrungsmittelbestandteilen Kohlehydrat, Fett und zu einem geringeren Anteil aus Eiweiß gewonnen. Über komplizierte Stoffwechselvorgänge werden diese komplexen Strukturen in nutzbare Energie- und Speicherbestandteile zerlegt. Letztlich wird dann im Muskel über ATP (Adenosintriphosphat) Energie gewonnen.

Je nach der jeweiligen Beanspruchungsform (Kraft – Ausdauer – Schnelligkeit) und der Intensität benötigt der Organismus eine unterschiedliche Kalorienzufuhr. Diese liegt dabei zwischen 3.000 bis 9.000 Kalorien pro Tag. Beispiele für den Kalorienverbrauch einzelner Sportarten kann man aus der bekannten Tabelle entnehmen.

WISSEN

Annäherungswerte für den Kalorienverbrauch bei Ausdauersportlern mit einem Gewicht von etwa 70 kg (nach D.L. Costil 1989)

Laufen		
10 km	2.940 kJ	(700 kcal)
Marathon	11.760 kJ	(2.800 kcal)
Schwimmen		
200 m	210 kJ	(50 kcal)
1500 m	1.680 kJ	(400 kcal)
Radfahren		
1 Stunde	4.285 kJ	(1.020 kcal)
160 km mit 40 km/h	19.650 kJ	(4.680 kcal)

Insgesamt fällt auf, daß in Schnellkraftsportarten (Ballsportarten, Sprint) der Kalorienverbrauch im oberen Bereich der Ernährung von »Normalverbrauchern« liegt, während beim Rudern oder Radfahren Spitzenwerte erreicht werden. Untersuchungen bei Radfahrern während der »Tour de France« ergaben Spitzenwerte bis zu 10.000 kcal. Der Kalorienverbrauch dürfte beim Höhenbergsteigen je nach der jeweiligen Belastung (reines Gehen, Gehen auf Fels und Eis, Alpinklettern usw.) zwischen 4.000 und 8.000 kcal liegen.

Bei körperlichen Leistungen werden in der Muskulatur für die »Startenergie« die ATP- und Creatinphoshatspeicher entleert. Dies geschieht bereits in wenigen Sekunden (etwa 8 Sekunden).

Der Muskel besitzt dann zwei Möglichkeiten, weitere Energie zu gewinnen:

Zum einen die ATP-Erzeugung aus Zucker (beispielsweise aus Glykogen im Muskel) ohne Zuhilfenahme von Sauerstoff. Diesen Stoffwechselvorgang nennt man Glykolyse. Endprodukt dieses anaeroben (= ohne Sauerstoff) Stoffwechsels ist die Milchsäure (Laktat). Jeder Sportler kennt das Gefühl eines übersäuerten Muskels nach hartem Training. Der Muskel ist also durch die entstehende Milchsäure »sauer« und verliert seine Leistungsfähigkeit. In den Pausen nach der Belastung kann schließlich die Milchsäure abtransportiert und abgebaut werden.
Dieser anaerobe Stoffwechselvorgang ist relativ ineffektiv und erzeugt wenig Energie. Das Maximum der anaeroben Energiebereitstellung liegt bei etwa 45 Sekunden, was bei einem Spitzenleichtathleten einem 400-Meter-Lauf entspricht.

Die zweite, effektivere Möglichkeit Energie zu erhalten, besteht in der ATP-Gewinnung aus Kohlenhydraten und Fetten mit Hilfe des Sauerstoffs. Dieser Vorgang wird Oxydation genannt (= aerobe Energiebereitstellung). Sie hat gegenüber der Glykolyse den Vorteil, daß pro Einheit Zucker mehr ATP gebildet wird. Der Nachteil liegt in einer langsameren Bereitstellung der Energie. Zuerst werden dabei die Kohlenhydrate, dann Fette (ab etwa 45 Minuten) und schließlich Proteine verwertet. Dabei erfolgt die Energiebereitstellung natürlich nicht streng getrennt, sondern ineinander übergehend. Bei einer Intensitätserhöhung während der Belastung (z.B. Zwischenspurt beim Laufen, steilere Passage bergauf) wird je nach Trainingzustand (individuelle anaerobe Schwelle) auf schnell verfügbare Kohlenhydrate zurückgegriffen.

7.2 Grundlagen der Ernährung

Bei Untersuchungen der Ernährungsgewohnheiten in der Normalbevölkerung zeigen sich zu hohe Anteile von Fetten als versteckte Kalorien oder »leere Kalorien« (künstlich verfeinerte Produkte ohne wichtige Begleitstoffe wie Mineralien).
Als »Problematische Lebensmittel« bezeichnet man die Lebensmittel, die versteckte Fette und »leere« Kalorien enthalten. Bei deren einseitigem Genuß kann es zu einer unausgewogenen Verteilung der Bestandteile zwischen Fetten, Kohlenhydraten und Eiweiß kommen. Zwangsläufige Folge ist ein Überangebot an Kalorien.

Beinahe zu allen Lebensmittel, die in ihrem Nährwert gering sind oder zuviele

Fette enthalten, gibt es vernünftige und gesündere Alternativen. So kann man statt Wurst Schinken essen, statt Süßigkeiten zum Nachtisch kann man Obstsalat servieren, statt Toast zum Frühstück lieber ein Vollkornbrot wählen.

Zusammenfassend läßt sich sagen: Unsere tägliche Ernährung ist zu reichhaltig, zu fett und zu unausgewogen. Kohlenhydraten und Proteinen sollte Vorzug vor Fetten gegeben werden.

WISSEN

Anteile von Kohlehydraten, Proteinen und Fetten

	Ist-Zustand	Soll-Zustand	Ideal-Zustand
Kohlehydrat	35%	55%	65%
Eiweiß	13%	10%	15%
Fett	42%	35%	20%
Alkohol	10%	–	–

TIP

»Problematische Lebensmittel«

Versteckte Fette	Leere Kalorien
Panierte und fritierte Speisen	Zucker
Fleischgerichte und Soßen	Süßigkeiten
Wurstwaren	Alkohol
Süßigkeiten, Torten, Kuchen	Weißbrot
Mayonnaise	Limonaden und Coca Cola

Proteine

Die Meinung von Kraftsportlern, daß ein Steak schon zum Frühstück unbedingt notwendig wäre, um dem Körper genügend Protein anzubieten, hat sich als falsch herausgestellt. Auch zusätzliche Proteinkonzentrate, die in Sportgeschäften oder Apotheken teuer angeboten werden, sind im Spitzensport bis auf ganz geringe Ausnahmen (z.B. extreme Radfahrer) nicht notwendig. Die Berechnungen für den täglichen Proteinbedarf waren früher, wie sich in letzter Zeit herausstellte, zu hoch angesetzt. So benötigt ein Gewichtheber der Spitzenklasse etwa 1,2 bis maximal 2,0 Gramm Eiweiß pro Kilogramm Körpergewicht. Diese Menge ist bereits in einer normal ausgewogenen Ernährung ohne Proteinzusätze enthalten. Bergsteiger hätten demnach eine zusätzliche Proteineinnahme noch weniger nötig.

Teilweise können extreme Proteineinnahmen sogar zu Stoffwechselstörungen wie Hyperurikämie (zu hohe Harnsäure, Gicht), zu hohe Stickstoffabbauprodukte und Kalziummangel führen. Eiweiß ist natürlich nicht gleich Eiweiß, was bei immerhin 20 verschiedenen Aminosäuren verständlich ist. Die Qualität von Eiweiß hängt in erster Linie vom Gehalt essentieller Aminosäuren ab. Essentielle Aminosäuren sind Aminosäuren, die der menschliche Körper selbst nicht aufbauen kann (z.B. Lysin, Tryptophan). Tierisches Eiweiß ist wegen seines Gehalts an solchen essentiellen Aminosäuren prinzipiell höherwertiger als pflanzliches. Der Nachteil besteht jedoch in unerwünschten Begleitstoffen wie Cholesterinen, Purinen und Fetten.

Um die Qualität der Proteine für die Ernährung einteilen zu können, wurde eine biologische Wertigkeit entwickelt. Hühnerei-Eiweiß steht mit dem Faktor 100 an der Spitze der biologischen Verwertbarkeit für den menschlichen Körper, daß heißt, daß aus 100 g Hühnerei-Eiweiß 100 g Eiweiß des menschlichen Körpers aufgebaut werden können.

Täglicher Mindestbedarf (g pro kg Körpergewicht) und biologische Wertigkeit von verschiedenen Nahrungseiweißen (nach N. Worm; 1989)

Weizenmehl	0,85	57
Reis	0,60	82
Milch	0,55	90
Rindfleisch	0,56	92
Kartoffel	0,57	99
Hühnerei	0,50	100
Kombinationen:		
Bohnen/Mais		99
Hühnerei/Mais		114
Hühnerei/Kartoffel		136

WISSEN

In den Bereich der Proteine gehört auch die Frage nach der Wertigkeit vegetarischer Nahrung. Diese Problematik ist in den letzten Jahren stark ideologisiert worden. Ursachen dafür waren die zu sehr auf Fleisch ausgerichtete Ernährung nach dem Krieg, die Probleme mit der Massentierhaltung und auch Erkrankungen des Herz- und Gefäßsystem oder Diabetes als Folge der Fehlernährung. Sicher ist richtig, daß im Ernährungsplan des Durchschnitteuropäers zu viel Fleisch auf den Tisch kommt. Das große Problem in einer vollvegetarischen Ernährung liegt in Mangelerscheinungen, die sich oft erst nach vielen Jahren zeigen können. Dies sind Vitamin B6/B12-Mängel (Blutarmut), Calcium-Mängel (Osteoporose) und eventuell Selenmängel mit noch wenig bekannten Auswirkungen.

Kohlenhydrate

Kohlenhydrate können als Energieträger am schnellsten umgesetzt werden. Getreide, Honig, Kartoffeln und Nudeln besitzen einen hohen Kohlenhydratanteil. Unterscheiden sollte man besonders zwischen »leeren« und komplexen Kohlenhydraten. Leere Kohlenhydrate sind Zucker oder Süßigkeiten ohne Zusatzstoffe wie Vitamine oder Mineralien.

Bei jeder Verbrennung von Zucker wird Vitamin B verbraucht, einfachen Zucker oder Süßigkeiten liefert dieses Vitamin nicht mit, sie werden zu »Vitaminkillern«.

Eine interessante Sonderform der Ernährung für Ausdauersportler (Marathonläufer) stellt die kohlenhydratreiche Ernährung zum Überfüllen der Glykogenspeicher in der Muskulatur dar. Glykogen ist die körpereigene Speicherform für Zucker. Man hat nun festgestellt, daß diese Glykogenspeicher um bis zu 100% überfüllt werden können, indem man reichlich Kohlenhydrate nach einer erschöpfenden körperlichen Leistung, z.B. einem Tempolauf an der Leistungsgrenze zu sich nimmt (Superkompensation). Die kohlenhydratreiche Diät wird von vielen Ausdauersportlern wie Triathleten, Langläufern und Skilangläufern vor Wettkämpfen bevorzugt.

Traubenzucker ist als Energiebombe während der sportlichen Belastung etwas in Verruf geraten. Man dachte, durch eine Überreaktion der Bauchspeicheldrüse könnte es zu dem für den Sportler fatalen *Unterzucker* kommen. Unterzucker (Hypoglykämie) äußert sich durch Verlust der Leistungsfähigkeit, mit Schweißausbrüchen oder durch Sehstörungen. Neuere Untersuchungen belegen, daß bei Sportlern diese Überreaktionen seltener als bei Normalpersonen auftreten. Bereits im Magen wird beim Sportler die Traubenzuckeraufnahme so gesteuert, daß dadurch Unterzuckerzustände selten auftreten.

Fette

Fette sind stark in negative Schlagzeilen (erhöhtes »Blutfettniveau«, Cholesterinspiegel) geraten und sicherlich nehmen wir in unserer Nahrung zu viele Fette auf. Ein Problem liegt in den »versteckten« Fetten, also den Fetten, die man unsichtbar zu sich nimmt (z.B. Pommes Frites).

Mit weiteren Risikofaktoren wie mangelnder Bewegung oder Nikotin kann es dann zu stoffwechselbedingten Gefäßerkrankungen wie der Arteriosklerose (Gefäßverkalkung) kommen.

Fette enthalten jedoch auch wichtige Basisstoffe zum Aufbau von Hormonen, die für jeden Stoffwechselvorgang notwendig sind. In Ruhe wird 70% unserer Energie über Körperfette gedeckt. Der Nachteil einer fetthaltigen Ernährung für den Sportler beginnt allerdings bereits im Magen, mit einer sehr langen Verweildauer (siehe auch S. 108). Weiterhin zeigt Fett für den Sportler auch direkt leistungsmindernde Eigenschaften, die genauen physiologischen Abläufe sind jedoch noch unbekannt.

Es gibt zwei Typen von Fettsäuren:
Gesättigte Fettsäuren (meist in fester Form und tierisches Fett) und
ungesättigteFettsäuren (meist flüssige, pflanzliche Öle).

Gesättigte Fettsäuren bringt man auch mit der Arteriosklerose und einem erhöhten Herzinfarkt-Risiko in Verbindung. In letzter Zeit hat der Anteil der pflanzlichen, ungesättigten Fettsäuren in der Nahrung zu Gunsten der tierischen Fette abgenommen. Nach Untersuchungen werden von der nordamerikanischen Bevölkerung im Durchschnitt 40 bis 45% des Kalorienbedarfs durch Fette gedeckt, also doppelt so viel, wie von den Ernährungswissenschaftlern derzeit empfohlen wird.

Elektrolyt- und Wasserhaushalt

Schwitzen während des Sports bedeutet Verlust an Wasser und Mineralien. Dabei verträgt jedoch der Magen während der Belastung nicht zuviel Flüssigkeit auf einmal. Also sollte man lieber öfter in kleinen Schlucken trinken.

Normales Mineralwasser mit etwas Fruchtsaft versetzt bietet unter Normalbedingungen alle wichtigen Elektolyte und etwas Zucker an. Der Bergsteiger in der Höhe verfügt natürlich nicht immer über Früchte oder Fruchtsäfte, weshalb er ersatzweise auf Elektrolytgetränke zurückgreifen sollte. Während des Tagesmarsches sollte man frühzeitig mit dem Trinken beginnen und auf keinen Fall erst, wenn der Durst einen dazu veranlaßt.

Vitamine, Vorkommen und ungefährer Tagesbedarf beim Nichtsportler und Ausdauersportler (Daten nach Gerok 1982 und Konopka 1985)

Vitamin / Vorkommen		Tagesbedarf Nichtsportler	Tagesbedarf Sportler
A	Leber, Milch, Eigelb	1,5 mg	4–5 mg
B1	Reis, Getreide, Hefe, Kartoffeln	1–2 mg	6–8 mg
B2	wie B1, Milch, Leber, Eier	1–2 mg	6–8 mg
B 6	Reis, Gerste, Hefe, Leber, Ei, Muskel	1–2 mg	6–8 mg
Folsäure	Spinat, Grünkohl, Weizenkeim, Leber	50 µG	
B 12	Leber, Niere	1–3 µg	5–6 µG
C	frisches Gemüse, Obst Sanddorn, Hagebutte	15–80 mg	400–800 mg
D3	Lebertran, Ei, Milch, Butter	0,01 mg	
E	Weizenkeime, Eier, Gemüse, Reis		
K	Kohl, Gemüse	1 mg	

WISSEN

Vitamine

Vitamine sind lebenswichtige Bestandteile der Nahrung. Warum also sollte man nicht Vitamine in Mengen zu sich nehmen?

Bei fettlöslichen Medikamenten (Vitamin A, B und E) kann es zu Hypervitaminosen kommen, die zwar selten sind, sich aber gesundheitsschädlich auswirken können. Auch dem wasserlöslichen Vitamin C schreibt man neuerdings bei übermäßigem Verbrauch eine nierenschädigende Wirkung zu.

Klar ist, daß Leistungssportler und Bergsteiger einen erhöhten Vitaminverbrauch haben: er liegt teilweise doppelt bis dreifach so hoch wie bei Nichtsportlern. Daher sollten Leistungssportler eine möglichst vitaminreiche Kost (Obst, Obstsäfte, Gemüse) zu sich nehmen. Besondere Beachtung gebührt hier der Aufbewahrung und Zubereitung von Speisen; denn Vitamine lassen sich nur zu leicht durch Hitze, zu lange Lagerung oder Licht zerstören.

Für den Höhenbergsteiger scheint Vitamin E eine besondere Bedeutung zu haben. Denn Vitamin E wird eine stabilisierende Wirkung auf den Zellstoffwechsel und eine Verbessserung der aeroben Energiegewinnung zugeschrieben. Es gibt Hinweise, daß Vitamin E bei Sportarten, die einen hohen Sauerstoffbedarf fordern, gewisse Vorteile bietet. Eine Einnahme von 2x200 mg Vitamin E bei längeren Höhenaufenthalten kann daher empfohlen werden.

WISSEN

Wichtigste Spurenelemente

Vorkommen, Bedarf und Mangelerscheinung (Daten nach Wolfram/ Zöllner, 1982 und Konopka, 1985)

Die Normbereiche schwanken zwischen verschiedenen Untersuchungen erheblich, da sie sehr methodenabhängig sind.

Spuren-element	Vorkommen	Bedarf	Mangelerscheinung
Eisen	Leber, Weizenkeim, Petersilie	12–18 mg	Anämie
Kupfer	Leber, Hülsenfrüchte	2 mg	Wachstumsstörung, Anämie, Brüchigkeit der Knochen
Zink	Erbsen, Eier, Leber, Fleisch	6–20 mg	Wachstums- und Wundheilungsstörung, Durchfall
Jod	Seefisch, Milch, Eier	0,15 mg	Schilddrüsen-unterfunktion
Selen	Fleisch, Fisch, Obst	0,1–0,2mg	Zellfunktion

Spurenelemente

Auch die Einschätzung der Spurenelemente für den Sportler unterliegt anscheinend gewissen Modeströmungen. Während lange Zeit Zink als wichtiges Spurenelement im Geprăch war, wurde in letzter Zeit viel über Selen geschrieben. Wie man neuerdings weiß, treten Zinkmangelerscheinungen normalerweise nur im Rahmen von schweren Erkrankungen und nicht bei Sportlern auf.

Interessanterweise hat sich herausgestellt, daß konsequente Vollkornernährer teilweise Mangelzustände für Zink oder Selen entwickeln. Die Ursache dafür scheint eine Komplexbindungsreaktion im Magen-Darm-Kanal zu sein, die zu einer verminderten Aufnahme der Spurenelemente führt.

Selen wird eine prophylaktische Wirkung im Rahmen von Krebserkrankungen zugeschrieben, Zusatz von Selen zur alltäglichen Ernährung ist jedoch nach dem derzeitigen Stand der Erkenntnisse nicht nötig.

Bei Cadmium werden eher Vergiftungszustände als Mangelerkrankungen beobachtet, es scheint kein lebenswichtiges Spurenelement zu sein.

7.3 Praktische Tips zum Höhenbergsteigen

Eine leistungsgerechte Ernährung kann nicht erst im Basislager beginnen. Man sollte sich, wenn dies nicht automatisch ein Bestandteil der »normalen Ernährung« ist, Wochen oder Monate vor der geplanten Unternehmung damit theoretisch und praktisch auseinandersetzen.

TIP

Leistungsgerechte Ernährung

Reduktion der Fettanteile in der Nahrung
Vermeiden von versteckten Fetten
Wechsel von einfachen Fetten zu komplexeren, hochwertigeren Fettsäuren
vitaminreiche Kost durch viel frisches Obst und Gemüse
Umstellung der Zubereitungsart von Gemüse, um Vitamine zu konservieren
Vermeiden von leeren Kalorien durch Ernährung mit Vollwertkost
gezielte Auswahl hochwertiger Lebensmittel

7.4 Planung der Expeditionsküche und Art der Nahrungsmittel

Trockennahrung hat sich als äußerst praktische, gewichtssparende und einfach zuzubereitende Ernährung während Expeditionen und in der Hochtouristik erwiesen. Verschiedene Hersteller bieten eine große Palette an Geschmacksrichtungen und kompletten Menüs an. Man sollte bei der Zusammenstellung darauf achten, daß eine abwechslungsreiche Kost zur Verfügung steht. Erfahrungsgemäß entsprechen die portionierten Packungen selten einer vollen Mahlzeit.

Bei ausschließlicher oder vorwiegender Verwendung von Trockennahrung kann es aber auch zu Problemen kommen. Um das Gewicht der Trockennahrung gering zu halten, enthält diese relativ wenige natürliche Ballaststoffe, dies kann zu Mangelaufnahmen während der Darmpassage führen. Durch den Trocknungsvorgang werden der Nahrung außerdem Wasser und Vitamine entzogen. Man muß deshalb darauf achten, verstärkt Flüssigkeit und Vitamine zu sich zu nehmen. Und schließlich kann es häufig zu Blähungen oder Verstopfungen kommen.

Als optimale Kompromißlösung bietet sich die Verwendung der Trockennahrung in den Hochlagern an, während im Basislager eine Expeditionsküche mit frischen Lebensmitteln, insbesonders mit Gemüse, Reis, Nudeln und Obst (Zitronen) zum Einsatz kommt. Vollkornbrot (Pumpernickel) und Müsli sind als Ballaststoffträger wichtig. Eier und Kartoffel kombiniert sind ein hoher Energie- und Proteinlieferant.

Außerdem hat die Erfahrung gezeigt, daß das Fehlen einer tüchtigen und gut organisierten Expeditionsküche mit einem phantasievollen und abwechslungsreichen Speiseplan neben ernährungsbedingten Problemen oft zu psychologischen Schwierigkeiten der Teilnehmer führt. Man trifft sich ungern jeden Tag zum Abendessen, wenn täglich dasselbe auf dem Tisch steht.

Fertignahrung ist zwar praktisch, sollte aber gezielt durch frische Lebensmittel vor Ort ergänzt werden.

Im Basislager muß der Bergsteiger gewiß keine »Kohlenhydratmast« wie Wettkampfausdauersportler durchführen, eine gezielt kohlenhydratreiche Kost kann jedoch nur dienlich sein. Hier bieten sich in erster Linie Nudel- und Reisgerichte, Müsli und Kornflakes an. Bohnen- und Linsengerichte sind ebenfalls sehr kohlenhydratreich, besitzen allerdings eine stark blähende Wirkung.

In der Zusammenstellung der Nahrung gerade an »wichtigen Tagen« ist darauf zu achten, daß einige Speisen (Ölsardinen, fettes Fleisch, Speck, Frittiertes) eine sehr lange Verweildauer (5 bis 8 Stunden) im Magen besitzen. Dies führt zu einer gesteigerten Durchblutung im Magen-Darm-Trakt; ein Blutvolumen, daß der Muskulatur für nötige sportliche Leistung fehlt. Reisgerichte, Kartoffeln und Nudeln passieren den Magen schon nach 1 bis 3 Stunden.

Während des Aufstiegs und gerade auch in großen Höhen sollte man unbedingt darauf achten, häufig (alle zwei Stunden) kleine Zwischenmahlzeiten zu sich zu nehmen (Trockenobst, Studentenfutter). Häufigere kleinere »Brotzeiten« belasten den Magen weniger als eine größere Mahlzeit. Außerdem beugt man damit der Gefahr vor, wegen des geringer ausgeprägten Hungergefühls in Unterzuckersituationen oder zu einer verringerten Leistungbereitschaft zu kommen. Es dauert oft sehr lange, bis man sich aus einer Unterzuckersituation wieder erholt.

TIP

Art der Nahrungsmittel

frische und abwechslungsreiche Nahrungsmittel im Basislager:
Grundbestandteile Gemüse, Obst, Nudeln, Reis und Kartoffeln
Trockennahrung für die Hochlager

Multi-Vitamin-Tabletten
eventuell zusätzlich Vitamin-E-Tabletten

Als nützliche Zusatzernährung unterwegs haben sich Nußzusammenstellungen und Trockenobst wie das bekannte Studentenfutter bewährt. Nüsse sind äußerst kaliumreich und besitzen einen hohen Nährstoffgehalt. Bei Müsliriegeln oder sogenannte Energieriegeln ist es wichtig, auf deren Zusammensetzung zu schauen. Sie enthalten oft zuviel Zucker und leisten unter anderem bei der oft ungenügenden Mundhygiene während des Höhenaufenthalts Zahnproblemen Vorschub. Ein weiterer Nachteil kann durch zugesetzte Öle oder Fette entstehen, da die Verdaulichkeit hier leidet. Ausnahmen bilden hier Energieriegel wie PowerBar®, die auf Wasserbasis hergestellt sind und eine ausgewogene Mischung an Kohlenhydraten und Proteinen enthalten. Wichtig in diesem Zusammenhang ist es aber, stets genug zu trinken (pro Riegel 0,5 Liter Wasser).

Auch gegen Speck als Zusatzernährung kann nichts eingewendet werden, bei den langen Ausdauerbelastungen sind Fette ein wichtiger Bestandteil, falls sie nicht in zu großen Mengen verzehrt werden und man auch die lange Verweildauer im Magen nicht vergißt. Man denke zur Ergänzung der Küche an Geschmacksverstärker wie Senf oder Tomatenketchup oder Gewürze, die appetitanregend wirken.

TIP

Zusatzernährung

Trockenobst
Nußmischungen
Energieriegel (z.B. PowerBar®)
Pumpernickel
Speck

7.5 Wasserverluste

Ein Hauptproblem des Höhenbergsteigens stellen die enormen Wasserverluste über die Atmung dar, die nur schwer wieder ausgeglichen werden können.

Tee aus Schmelzwasser kann die Elektrolyte, die über den Schweiß verloren gehen, nur dann ersetzen, wenn ihm Mineralzusätze beigemischt werden.

Bewährt haben sich die im Handel erhältlichen Produkte (z.B. der Firmen Pfrimmer, Champ oder Biosport), die in vielen Geschmacksrichtungen erhältlich sind. Wichtig ist hier die Abwechslung der Geschmacksrichtungen, die auch das Trinken erleichtert. Vorsicht vor zu hoher Konzentration der Elektrolytpräparate – der Körper kann das Zuviel nicht aufnehmen und die Salze reizen die Magenschleimhaut. Von der Magenschleimhaut wird Wasser zusammen mit den Mineralstoffen in einer ganz speziellen Konzentration zusammen mit Glukose (z.B. auch ORS der WHO, siehe bei Kapitel ERKRANKUNGEN, 6.2 Durchfall) optimal aufgenommen. Eine andere Möglichkeit sind dünnflüssigen Fertigsuppen. Weiterhin gilt, daß warme oder heiße Getränke verträglicher sind und besser resorbiert werden als kalte. Unterwegs sollten für eine Tagestour mindestens 1,5 Liter Flüssigkeit (Tee mit Mineralsalzen) am besten in einer warmhaltenden Thermoskanne mitgeführt werden. Es ist effektiver, häufig, am besten stündlich, kleinere Flüssigkeitsmengen aufzunehmen als nur gelegentlich große Mengen zu trinken.

TIP

Flüssigkeit

1,5 Liter während des Tagesmarsches
Elektrolytzusatz
warme oder heiße Getränke
abends oder mittags Suppen
Abwechslung der Geschmacksrichtungen bei Mineralzusätzen

Tibetischer Nomade

8. Training

8.1 Grundlagen

Bergsteigen in mittleren und großen Höhen wie Hochtouren, Skibergsteigen, Trekking und Expeditionsbergsteigen sind Belastungen im Gehen und Steigen mit mittlerer und submaximaler Intensität. Von den körperlichen Fähigkeiten (Schnelligkeit, Kraft, Ausdauer, Koordination und Beweglichkeit) wird dabei vor allem die Ausdauer gefordert.

Bei der Fähigkeit »Ausdauer« unterscheidet man verschiedene Typen wie Schnelligkeitsausdauer, Kraftausdauer, Kurzzeit- und Langzeitausdauer. Bergsteiger benötigen in erster Linie die Langzeitausdauer mit Belastungen über Stunden.

Ein leistungsbestimmender Faktor der Langzeitausdauer ist die relative maximale Sauerstoffaufnahme über die Lunge. Bei langandauernden Belastungen über Stunden wird Energie zum großen Teil über den Fettstoffwechsel unter Zuhilfenahme des Sauerstoffs, weniger über Kohlenhydrate, bereitgestellt. Der Vorteil der Energiegewinnung aus dem Fettstoffwechsel ist eine im Gegensatz zur anaeroben Energiegewinnung hohe Energieausbeute, der Nachteil, daß diese Energie relativ langsam bereitgestellt wird.

Ein praktisches Beispiel:
Beginnt ein Bergsteiger eine längere Tour relativ rasch, so wird die »Startenergie« zuerst aus dem ATP und Kreatinphosphat-Speicher gewonnen, der aber nur für wenige Sekunden reicht. Daraufhin erfolgt der Übergang zum Kohlenhydratstoffwechsel mit freien Kohlehydraten im Blut und dann über die Speicher von Kohlenhydraten, die sich als Glykogen direkt im Muskel befinden. Bei längeren Belastungen reguliert auch die Leber mit ihren Glykogenspeichern diesen Kreislauf. Die Energiebereitstellung erfolgt anfangs anaerob, daß heißt ohne die Zuhilfenahme von Sauerstoff. Eine höhere Ausnutzung der Energiespeicher wird dann über aerobe Energiebereitstellung mit Sauerstoff erreicht, die aber eben eine wesentlich längere »Anlaufzeit« benötigt. Der Fettstoffwechsel greift erst bei Belastungen über 45 Minuten ein.

Muß nun ein Bergsteiger eine steilere Passage überwinden oder steigert er sein Tempo, so greift er damit wieder auf die anaerobe Energiebereitstellung zurück. Je länger er unter dieser anaeroben Schwelle bei einer Belastung bleiben kann, desto besser schont er seine energiereichen Kohlehydratspeicher und desto länger kann er auf seine reichlich vorhandenen Fettreserven zurückgreifen – er muß keine sogenannte Sauerstoffschuld eingehen. Das bedeutet, unser Bergsteiger muß nicht stehenbleiben und »nachatmen«, sondern kann sein Tempo fortsetzen.

◁
Senecien im Ruwenzori-Gebiet (Uganda/Zaire) – Vegetation auf über 4.000 m Meereshöhe

Wegen der geringeren Sauerstoffzufuhr scheinen in der Höhe mehr Kohlenhydrate als Fette aus dem Körper verbraucht zu werden. Die optimale Belastung während einer Ausdauerleistung beim Bergsteigen ist dann erreicht, wenn ein »steady state« – ein Gleichgewicht zwischen Energieverbrauch und Energiebereitstellung möglich ist. Außerdem bringen Belastungen über der anaeroben Schwelle ein lästiges »Abfallprodukt«, nämlich die Milchsäure (Laktat) mit sich. Laktat wird im Blut durch Bicarbonat abgepuffert. Bei einem längerem Höhenaufenthalt verliert der Körper Puffersubstanz über den Urin. Dadurch ist in der Höhe die anaerobe Leistungsfähigkeit begrenzt.

Das bedeutet zusammengefaßt: Ein Höhenbergsteiger benötigt eine gut ausgebildete Langzeitausdauer mit einer hohen anaeroben Schwelle.

»Ich bin der Ansicht, daß intensives Training für eine Himalaya-Expedition nicht unbedingt von Vorteil ist. Voraussetzung ist natürlich eine gewisse physiologische Tauglichkeit, ohne die keiner in die Mannschaft aufgenommen würde. Das wirkliche Training beginnt dann erst in Kathmandu. (...) Es ist in der Tat möglich, daß ein leichtes Übergewicht vor dem Start seine Vorteile hat.«

(Peter Steele; Als Arzt am Everest, 1974)

»Ich glaube nicht, daß das Bergsteigen zu einer Disziplin der Rekorde ausartet, bin aber umgekehrt überzeugt, daß die nächste Generation mehr trainieren wird, um einerseits schwierigere Routen zu klettern, andererseits durch eine gesteigerte Kondition viele objektive Gefahren besser beherrschen zu können. Bei keinem anderen Sport ist ein intensives Training so notwendig wie beim extremen Bergsteigen. Ein durchtrainierter Hochspringer gewinnt vielleicht einen Wettkampf, ein durchtrainierter Kletterer hingegen rettet sich aus einer Situation, in der er ohne Training vielleicht umkommen würde. Natürlich macht es mehr Spaß, die Eiger-Nordwand schnell und möglichst sicher zu durchsteigen, als sich in drei bis vier Tagen hindurchzuquälen.«

(Reinhold Messner; Die großen Wände 1977)

Ich möchte auf die körperliche Vorbereitung nur kurz eingehen, genügend Literatur und Ratgeber stehen hier zur Verfügung. Doch meine ich, daß die Ansicht des Expeditionsarztes Peter Steele heute nach 20 Jahren so nicht mehr zutrifft.

Nicht nur, daß sich das Bergsteigen seit Jahren immer mehr zum Leistungssport entwickelt hat, auch haben sich Erfahrungen aus anderen Sportarten deutlich im bergsteigerischen Training ausgewirkt. Das Bewußtsein, daß Bergsteigen in erster Linie eine Ausdauersportart ist, hat das Laufen, Berglaufen, Radfahren oder Skilanglaufen als Ausgleichsportart oder als spezielle Trainingsmethode (für z.B. eine Himalayatour) miteinbezogen.

So stellt sich die Frage, ob ein spezielles Training für eine Trekkingtour überhaupt nötig ist. Für normal leistungsfähige oder routinierte Bergwanderer stellen leichte oder mittelschwere Trekkingtouren keine besonders große Herausforderung dar; sie können auf ein spezielles Training verzichten.

Anders sieht dies bei Anfängern oder etwas älteren Bergsteigern aus: Je geringer oder weniger gut ihre allgemeine Verfassung und ihr körperlicher Leistungsstand ausgebildet sind, desto mehr sollten sie ihre allgemeine Kondition verbessern. Meist reicht bereits ein zweimaliges unspezifisches Training pro Woche (siehe auch Seite 116).

Längere und schwerere Trekkingtouren und Expeditionen bedürfen aus verschiedenen Gründen einer gezielteren Vorbereitung:

Durch Ausdauertraining werden Herz-Kreislauf-Funktionen wie maximale Sauerstoffaufnahme und die Ökonomisierung der Herzarbeit durch Abnahme der Herzfrequenz verbessert.

Die anaerobe Leistungsfähigkeiten der Muskulatur wird durch Ökonomisierung der Muskelarbeit und die Erhöhung der Pufferkapazität auf Laktat verbessert. Damit erhöht man die anaerobe Schwelle.

Ausdauertraining erhöht die Konzentration eines Enzyms, das die Sauerstoffaufnahme und -abgabe in den roten Blutkörperchen regelt und damit in Höhenlagen Einfluß auf die Sauerstoffversorgung hat.

Nicht zu vergessen ist die psychische Situation: eine gute körperliche Verfassung stärkt enorm das Selbstvertrauen in die eigene Leistungsfähigkeit. Außerdem kann es bei jeder Tour die Situation geben, daß Tagesetappen zusammengefaßt werden müssen oder gewisse Abschnitte sich durch unvorhergesehene äußere Einflüsse verlängern; beides erfordert konditionelle Reserven.

Aufstieg zum Shivling (6.543 m, Garwhal Himal/ Indien), im Hintergrund der Mt. Meru (6.450 m)

8.2 Trainingpraxis und Tips

Will man die Langzeitausdauer vernünftig trainieren, sollte die Belastungsdauer mindestens 45 Minuten zwei-, besser dreimal pro Woche mit einer Pulsbelastung von etwa 140 bis 160 Schlägen pro Minute betragen.

Die beste und dem Bergsteigen verwandte Trainingsmöglichkeit sind *Dauerläufe*. Am Anfang ist darauf zu achten, daß man zeitlich längere statt zu intensive und zu kurze Belastungen durchführt. Es ist immer wieder der Fehler der Anfänger, lieber schneller (und damit intensiver) als länger und weniger schnell zu laufen.

Der Trainingseffekt ist dann nur sehr gering, denn kurze und intensive körperliche Belastungen haben wenig Auswirkung auf das Herz-Kreislaufsystem und damit auch keinen Effekt auf die Langzeitausdauer.

Nach dem Erreichen einer allgemeinen guten Ausdauer (in der Regel benötigen relativ untrainierte Personen dazu etwa 8 bis 12 Wochen) kann man zu einer Steigerung der Intensität durch Einlegen von Intervalläufen oder durch Laufen auf Bergstrecken kommen. Intervalläufe sind Läufe mit wechselnder Intensität, z.B. 1.000 Meter traben, 1.000 Meter flottes Tempo laufen, 1.000 Meter traben usw.. Die Intensität ist damit relativ hoch, da die Pausen (d.h. das »Traben«) keine volle Erholungsmöglichkeit zulassen.

Berggelände beim Laufen simuliert die Anforderungen beim Höhenbergsteigen durch Belastungsänderungen und -steigerungen über der anaeroben Schwelle. Bergstrecken zu laufen, stellt natürlich eine relativ hohe körperliche Anforderung dar, die nicht bei jedem Trekking nötig ist. Der Trainingseffekt ist jedoch enorm hoch.

Alle anderen Ausdauersportarten wie zum Beispiel Schwimmen oder Rudern sind für eine gezielte Vorbereitung für Trekking oder eine Expedition wegen der größeren Praxisentfernung weniger effektiv. Obwohl Radfahrer unbestritten zu denjenigen Sportlern gehören, die die besten cardiopulmonalen Werte erreichen, ist bereits durch die völlig verschiedene Belastungsart die Trainingswirkung für das Bergsteigen geringer als durch Dauerläufe oder Hochtouren.

VORBEREITUNG

Die für geplante Höhenaufenthalte effektivsten
Vorbereitungsmöglichkeiten sind in der Reihenfolge

Bergläufe
Intervallläufe
Ausdauerläufe
Skilanglauf
Mountainbiketouren
Radfahren

Eine sehr »praxisnahe« Vorbereitung sind längere Hochtouren in den Westalpen. Hier werden, auch wenn die Höhe geringer ist, durch den gleichen Belastungscharakter gute Trainingserfolge erzielt. Eine länger andauernde Höhenanpassung oder eine verbesserte Höhentauglichkeit ist damit jedoch nicht erfolgt. Die Höhenaufenthalte (höher als 3.500 m) in den Westalpen, die für eine Höhenanpassung geeignet wären, sind meist nur relativ kurz. Für eine Höhenanpassung, die sich noch über Wochen sich auswirken soll, müßte man sich konsequent mindestens 2 bis 3 Wochen in Höhen über 3.500 m aufhalten. Eine verbesserte Höhentauglichkeit wäre dann für etwa 4 Wochen gegeben.

TIP

Je schwieriger und je höher die geplante Tour,
desto intensiveres Training ist notwendig.
Je praxisnäher (Hochtouren), desto besser
Hochtouren verbessern jedoch kaum die Höhenanpassung
Langläufe und Bergläufe als gute Trainingsmöglichkeiten

Basislager (5.300 m) an der Shisha Pangma (8.048 m, Tibet)

9. Medikamente und ärztliche Betreuung

Die Zusammenstellung einer Trekking- oder Expeditionsapotheke bedarf einiger Erfahrung, will man nicht unnötig viele Medikamente mitschleppen oder trotzdem im Basislager feststellen, daß das eine oder andere bereits ausgegangen ist.

Auch bei der Organisation einer Apotheke während des Anmarsches können Fehler gemacht werden. Es hat sich als praktisch erwiesen, die Medikamente in feste Aluminiumkisten zu verpacken, da sie hier besser sortiert werden können und während des Anmarsches weniger in Mitleidenschaft gezogen werden als in einfachen Seesäcken.

Nützlich sind genaue Listen darüber, wo die einzelnen Medikamente oder Verbandsmaterialien verpackt sind (z.B. »Chirurgische Kiste«, »Medikamentenkiste«). Die Medikamente sollten nach bestimmten Gruppen geordnet, und die Beipackzettel abgeheftet werden. Beides erleichtert in entscheidenden Momenten das Wiederauffinden.

Die Medizinkisten werden während des Anmarsches in der Regel von Trägern übernommen. Oft ist es so, daß die Träger Stunden hinter oder vor der eigentlichen Gruppe marschieren. Wenn nun Medizin benötigt wird (als Expeditionsarzt ist man in den Dörfern häufig stundenlang beschäftigt), sind die Medizinkisten nicht vor Ort. Dieses Problem kann beseitigt werden, indem der Arzt entweder eine kleine Rucksackapotheke selbst mit sich führt oder ein leistungsstarker Träger mit der Medizinkiste immer unmittelbar mit dem Arzt unterwegs ist.

◁
Wolkenstimmung über der Ama Dablam

9.1 Persönliche Reiseapotheke

Jeder Trekking- oder Expeditionsteilnehmer sollte eine kleine persönliche Apotheke mitführen, die die wichtigsten Gebrauchsmedikamente oder Verbandsmaterialien enthält.

Aspirin®
Imodium®
Resochin®, Paludrine®, Lariam ®
JHP Rödler® – Jap. Heilpflanzenöl[1]
Hustenbonbons
Halswehtabletten
Kräuterbonbons
Endrine® Nasentropfen
Scopoderm® Pflaster
Kaliumpermanganat oder Micropur®
Bepanthen® Augen- und Nasensalbe
Mercurochrom®

Heftpflaster verschiedene Größen
sterile Kompressen 10 Stck
elastische Binden
Dreieckstuch
Sicherheitsnadeln
Kanülen und Spritzen[2]

Multivitamintabletten
Authan®

[1] Das japanische Heilpflanzenöl ist ein ätherisches Öl, das vielseitig bei Schnupfen oder Husten zu verwenden ist. Man kann beispielsweise bei Husten1 oder 2 Tropfen in heißen Tee geben, bei Schnupfen ist 1 Tropfen im heißen Wasser gut zum Inhalieren zu verwenden.

[2] Kanülen und Spritzen sollten im Ausland immer in der persönlichen Reiseapotheke mitgenommen werden. Bei einer nötigen ärztlichen Behandlung hat man so die Gewähr der Sterilität.

9.2 Basislagerapotheke – Trekkingapotheke für den Begleitarzt

Eine effektive und doch nicht zu umfangreiche Apotheke einzurichten, ist nicht einfach. Bei meiner ersten Expedition, die ich noch während meines Studiums begleitete, hatte ich drei große Aluminiumkisten im Gepäck. Es stellte sich dann in den kommenden Wochen heraus, daß ich viele unnütze Medikamente dabei hatte, während andere sehr bald zu Neige gingen. Hier ist eine Zusammenstellung der wichtigsten medizinischen Ausrüstung und Medikamente. Medikamente, die erfahrunggemäß häufig benötigt werden, sind mit einem * gekennzeichnet.

Schmerz:	Aspirin® Tabletten*
	Talvosilen forte® Tabletten
	Valoron® Tropfen (Betäubungsmittelgesetz; Arzt)
	Fortral® Ampullen (Betäubungsmittelgesetz; Arzt)
	Aspisol® Trockensubstanz für Injektion (1g)[3]
Magen/Darm:	
Durchfall:	Kohlekompretten[4]
	Imodium® Kapseln*
	Elotrans® Beutel*
Übelkeit:	Paspertin® Tropfen
Krämpfe und Kolik:	Buscopan® Suppositorien
Magenschmerzen:	Sostril® Filmtabletten
	Maaloxan® Beutel
Blähungen:	Lefax® Tabletten
Verstopfung:	Agiolax® Granulat
Augen/Ohren:	
Konjunktivitis:	Berberil® Augentropfen*
	Bepanthen® Augen- und Nasensalbe
	Decadron® Augentropfen[5]
	Chibro®- Uveline
Bakterielle Infektion:	Aureomycin® Salbe

[3] Aspisol hat sich sehr gut bei starken Kopfschmerzen im Zustand nach Höhenhirnödem bewährt und wirkt schneller und wesentlich intensiver als Aspirintabletten.

[4] Kohlekompretten werden immer noch als das Durchfallmittel Nummer 1 angepriesen. Bei den oft starken Diarrhoen habe ich selten eine rasche Wirkung der Kohlekompretten bemerkt. Bei leichteren Durchfällen kann man sie durchaus mit einer hohen Dosierung (3-4 mal 2-4 Tabl) einsetzen.

[5] Kortisonhaltige Augenpräperate dürfen nur sehr vorsichtig eingesetzt werden, da sie bei längerer Verwendung Schleimhäute und Iris schädigen können. Auch bei bakteriellen Infektionen dürfen sie nicht verwendet werden. Am besten sollten sie nur vom Arzt verordnet werden.

Fortsetzung Augen/Ohren:	
Schneeblindheit:	Chibro®-Kerakain Augentropfen
Ohrenschmerzen:	Oto-Flexiole®
	Dexa-Biofenicol® Ohrentropfen
Hals:	Frubienzym® oder Bepanthen® Lutschtabetten*
	Neoangin® Lutschtabletten*
	Hexetidin® Gurgellösung
Fieber:	Novalgin® Tropfen
	Ben-u-ron® Suppositorien 1.000 mg
Husten:	Codipront® Tabletten
	Fluimucil® Granulat*
	Ambril® Retardkapseln
Asthma:	Bricanyl® Tabletten
	Berotec Dosier-Aerosol 15 ml
Schnupfen:	Nasivinetten®*[6]
	Endrine® Nasentropfen*
	JHP Rödler® - Japanisches Heilpflanzenöl*
	Rhinopront® Kapseln
	Sinupret® Dragees
Infektion:	Ciprobay® 500 Lacktabletten[7]
	Bactrim® forte RocheTabletten *
	Tetracycline-ratiopharm® 500mg Tabletten
	Isocillin® Filmtabletten
Schlaf:	Halcion® Tabletten 2 mg
	Diazepam® Ampullen (Arzt)
	Dormicum® 7,5 mg
Sonstiges:	
Höhenlungenödem:	Nifedipin® 5 mg Kapseln
	Diamox® 250 mgTabletten

[6] Viele Schnupfenmittel besitzen die unangenehme Nebenwirkung, daß sie die Nasenschleimhäute austrocknen. Darum sollte man dazu auch ölige oder fetthaltige Mittel verwenden, um die Schleimhäute nicht zu sehr zu schädigen.

[7] Bei Antibiotika sollte immer der Beipackzettel besonders gut gelesen werden. Die meisten Patienten machen den Fehler, daß sie Antibiotika zu kurz einnehmen oder zu früh absetzen. Damit kann es zum Wiederaufflackern der Infektionserkrankung kommen, Resistenzen der Bakterien können sich bilden, die nun schwerer zu behandeln sind und eventuell den Wechsel auf ein stärkeres Antibiotikum bedürfen.

Fortsetzung Sonstiges:	
Höhenhirnödem:	Fortecortin® Monoampullen 100 mg[8]
	Fortecortin 4 mg Tabletten
Erfrierung:	evtl. Arwin® Injektionslösung (Arzt)
	evtl. HAES® Infusionslösung
	evtl. Trental® 400 Dragees und Ampullen
Kreislauf:	Effortil®Tropfen
Hämorrhoiden:	Anusol® Salbe
Vitamine:	MultivitaminTabletten
Muskelschmerzen/ Sportverletzung:	Voltaren® resinat
	Amuno® Supp 100 mg
	Sportgel: z.B. Voltaren® Gel, Dolobene® Gel
	hyperämisierende Salbe: z.B. Musera®
Würmer:	Vermox® Tabletten
Pilz:	Fungizid® ratiopharm Creme
Amöbenruhr/Lamblien:	Arilin® 500 Filmtabletten
Allergie:	Tavegil® Gel
	Cortotavegil® Gel
	Tavegil® Tabletten
Insektenstich:	Soventol® Gel
Malaria:	Resochin®, Paludrine®, Lariam®
Äußerlich:	
Herpes:	Zovirax® Salbe
Wunden:	Bepanthen® Salbe
	Kamillenteebeutel[9]
Abszeß-Salbe:	Ichtholan® Salbe
Milben/Läuse:	Jacutin® Emulsion
Chirurgie:	
Verbandsmaterial:	Wundpflaster
	Kompressen (klein, mittel, groß)*
	Verbandsmull
	Elastische Binden
	Klebebinden
	Leukoplast
	Tape 2cm/ 4cm

[8] Cortison ist das einzig schnell wirksame und lebensrettende Mittel beim Höhenhirnödem. Normalerweise sollte es wegen der schnelleren Wirkung intravenös gespitzt werden, kann aber auch von Laien intramuskulär verabreicht werden.

[9] Kamillentee hat sich bei oberflächlichen entzündlichen Hautverletzungen, wie sie beim Klettern häufig vorkommen, gut bewährt. 1-2 tägliches Baden der Hände im Kamillentee reduziert die entzündlichen Beläge.

Fortsetzung Chirurgie:

Verbandsmaterial:	Wundgaze (z.B. Sofratüll®) Verbandswatte* Stülpa/Schlauchverbände Wattestäbchen Tupfer Spatel Mercurochrom® Steristrips®[10] Betaisodona®-Desinfektionslösung Fieberthermometer Taschenlämpchen Schiene (Bein/Arm) Augenklappe Kälteschutzfolie Chemische Wärme-/Kältepackung Verbandsschere Pflasterspray
zusätzlich für den Arzt:	Einmal-Skalpelle Scheren (steril verpackt) Pinzetten (steril verpackt) Sterile Einmallochtücher Braunülen/Butterfly Ringer-Infusionslösung (Plastikflaschen) Traubenzucker-Infusionslösung (Plastikflaschen) Lokalanästhetikum Handschuhe (steril) Einmalhandschuhe Schlauch zum Abbinden Nadelhalter Klemme verschiedene Fäden Spritzen 2ml/5ml/10ml/20ml Kanülen Stethoskop Blutdruckmessgerät

[10] Die meisten Riß- oder Schnittverletzungen müssen nicht genäht werden und können mit Steristrips® versorgt werden.

Fortsetzung zusätzlich für den Arzt:

Finger-/Unterarmdrahtschienen
ev. Kunststoffgips[11]
Verband-/Gipsscheren
ev. Schulterverband (Gilchrist)
ev. Hämatokrit-Minizentrifuge
ev. Zahnmedizin Set mit Notfallplomben
Literatur zur Höhenmedizin

Notfall:

Suprarenin® Ampullen
Solu-Decortin-H® Trockensubstanz und Lösungsmittel 250 mg
Bricanyl® Ampullen
Nitrolingual Kapseln
Glucose 40% Infusionslösung
ev. Ambubeutel
Sauerstoffflaschen mit Manometer und Maske
Certek-Bag

[11] Kunststoffgipse sind in der Anwendung sehr praktisch, sollten aber nur dem im Umgang Erfahrenen vorbehalten sein. Zirkuläre Gipse können wegen der Festigkeit dieser Kunststoffverbände nur schwer wieder entfernt werden. Es empfiehlt sich die Verwendung als Schiene.

9.3 Minimalapotheke für Trekking ohne begleitenden Arzt

Nicht immer ist es möglich, eine umfassende medizinische Ausrüstung mitzunehmen. Bei einer Zweiergruppe ohne Träger muß man sich auf das wichtigste konzentrieren und kann nur eine Grundausstattung mitnehmen.

Aspirin® Tabletten
Tramal® Tropfen
Imodium® Kapseln*
Buscopan® Suppositorien
Berberil®*
Bepanthen ® Augen- und Nasensalbe
Neoangin® Lutschtabletten*
Codipront® Tabletten*
Fluimucil® Granulat*
Nasivinetten®*
Endrine® Nasentropfen*
JHP-Rödler® – Japanisches Heilpflanzenöl
Bactrim forte® Tabletten*
Halcion® 2mg
Voltaren® resinat
Cortotavegil® Gel
Voltaren® Salbe
Wundpflaster
Kompressen (klein, mittel, groß)*
Verbandsmull
Elastische Binden
Klebebinden
Leukoplast
Tape 2 cm
Wundgaze
Verbandswatte
Wattestäbchen
Alkoholtupfer
Steristrips®
Betaisodona®-Desinfektionslösung
Fieberthermometer
Kälteschutzfolie

9.4 Hochlagerapotheke

Für die verschiedenen Höhenlager sollten spezielle kleine Zeltapotheken eingerichtet werden, die in den Lagern verbleiben.

Sauerstoff mit Ventil und Maske/pro Lager 1mal
Fortecortin® 100 mg Monoampullen
Fortecortin® 4 mg Tabletten
Nifedipin®
Aspirin®
Talvosilen forte® Tabletten
Nasivinetten®
Kompressen (klein, mittel, groß)*
Verbandsmull
Elastische Binden
Klebebinden
Tape 2,5 cm

9.5 Medikamentöse Akklimatisationshilfen

Wenn Trekkingtouren unter Zeitdruck stehen oder leichte Trekkinggipfel wie der Kilimandscharo angegangen werden, dessen Gipfel unbedingt in vier Tagen erreicht sein muß (?), wird immer wieder nach medikamentösen Akklimatisationshilfen gefragt.

Eine medikamentöse Behandlung zur Akklimatisation oder zur Behandlung etwaiger Störungen sollte die Ausnahme bleiben und darf nur in Sonderfällen erfolgen. Jede medikamentöse Therapie hat Nebenwirkungen; Nutzen und Risiko müssen daher abgeschätzt werden. Trotzdem gibt es Situationen oder Erkrankungen, in denen eine medikamentöse Behandlung oder sogar Prophylaxe unumgänglich sein kann.

Acetazolamid (Diamox)

Acetazolamid ist als Diuretikum (entwässerndes Mittel) ein altbekanntes Medikament. Der Wirkmechanismus ist ziemlich kompliziert und greift in die Funktion der Nieren ein: Acetazolamid hemmt in den Nierentubuli das Enzym Carboanhydrase, das zu einem Rückhalten von Wasserstoffionen und zu einer vermehrten Ausscheidung von HCO_3-Ionen führt. Der ph-Wert des Blutes fällt (metabolische Azidose). Dies hat wiederum Reaktionen des Atemzentrums zur Folge, das die Empfindlichkeit gegenüber des verminderten CO_2 nachstellt. Doch scheint es auch direkte Einflüsse von Diamox auf Hirnfunktionen zu geben, sogar eine verminderte Hirnwasserproduktion. Damit scheint das Atemzentrum, das ja über Rezeptoren über den ph-Wert reagiert, wieder reaktionsfähiger zu werden.

Die Wirkung von Diamox besteht in der Verbesserung der Atemtiefe zugunsten der Atemfrequenz, insbesondere auch während des Schlafs. Über die verminderte Hirnwasserproduktion wird wahrscheinlich auch der Hirndruck gesenkt und Beschwerden wie Kopfschmerzen reduziert. Die verstärkte Atmung beeinflußt die nächtliche Hypoxämie (Sauerstoffmangel im Blut) und damit die Schlafstörungen positiv.

Neben diesen Eigenschaften sind jedoch auch Nebenwirkungen bekannt. Da Diamox ein Diuretikum ist, kommt es bei der Einnahme zu zusätzlichen Wasserverlusten, zu einem weiterem Anstieg des Hämatokrit-Wertes mit weitreichenden Folgen. Zusätzlich wird im Urin vermehrt Kalium ausgeschieden, was zu Sensibilitätsstörungen im Gesicht und Händen führen kann.

Die Einnahme von Diamox in Höhen über 5.500 m ist bedenklich, da es durch den diuretischen Effekt zusammen mit den Wasserverlusten über die Atmung zu drastischen Erhöhungen des Hämatokrit-Wertes führen kann.

Trotz der Nebenwirkungen gibt es Indikationen, Diamox als Prophylaxe einzusetzen:

Therapeutisch kann Diamox bei leichteren Symptomen der Akuten Höhenkrankheit (AHK) in der gleichen Dosierung eingenommen werden, wobei ein weiterer

Aufstieg natürlich auch nur bei Wohlbefinden zu verantworten ist. Beim Höhenlungenödem wird Diamox ebenfalls mit einer Dosierung von 2 bis 3 mal täglich 250 mg gegeben, wobei weitere Maßnahmen (Abstieg, Überdrucksack) nicht vernachlässigt werden dürfen.

Diamox als Prophylaxe

bei unvermeidlich schnellen Aufstiegen in mittlere oder größere Höhen (z.B. bei Rettungsaktionen)
bei Flügen auf hochgelegene Flugplätze wie Lhasa auf 3.400 m (langsamere Akklimatisation unmöglich)
schwere AHK oder HLÖ aus vergangenen Höhenaufenthalten bekannt
bei Wiederaufstieg nach überstandenem und ausgeheilten Höhenlungenödem

Dosierung

Beginn 12 bis 24 Stunden vor dem geplanten Aufstieg
2 mal pro Tag 250 mg Diamox

Dexamethason

Dexamethason ist ein künstliches Kortisonpräparat mit der etwa 20fachen Wirksamkeit des körpereigenen Kortisons. Kortisonpräparate verursachen eine ganze Kette an Wirkungen mit bei längerer Einnahme teilweise massiven Nebenwirkungen. Kortison ist eines der am stärksten abschwellenden Medikamente, das besonders bei Hirnödemen immer wieder mit Erfolg eingesetzt wird. An Nebenwirkungen sind in erster Linie Magenbeschwerden, Gewebswassereinlagerungen, Wundheilungsstörungen und Diabetes bekannt.

Die positive Wirkung bei der AHK, bei der durch die Steigerung des Hirndrucks Kopfschmerzen entstehen, wird durch die stark abschwellende Wirkung erklärt. So werden sämtliche zentralen Symptome der AHK durch die Dexamethasoneinahme gut und sehr rasch bekämpft. In einigen Untersuchungen konnten auch prophylaktische Wirkungen beim Aufstieg festgestellt werden. Wegen der Nebenwirkungen ist dies jedoch abzulehnen.

Therapeutisch kann bei schweren Symptomen der AHK Dexamethason 4 bis 8 mg und im weiteren Verlauf mit einer Dosierung von 4 mg alle 6 Stunden eingenommen werden. Beim Höhenhirnödem muß wegen der akuten Lebensgefahr und des damit notwendigen schnelleren Wirkungeintritts die Injektion mit Fortecortin 100 mg intravenös (eventuell sogar mehrmals) erfolgen.

Schlafmittel

Schlafstörungen sind ein häufiges Symptom in den ersten Tagen des Höhenaufenthaltes. Sie sind oft auch bedingt durch die periodische Atmung (*Cheyne–Stoke–Atmung*), die besonders Einschlafprobleme mit sich bringt. Viele greifen hier auf Schlafmittel zurück: meist Mittel der chemischen Struktur der Benzodiazepine wie Valium®.

Probleme schaffen die Nebenwirkungen dieser Medikamentengruppe:

– sie erniedrigen durch eine zentrale Atemdepression im Schlaf die arterielle Sauerstoffsättigung, so daß Höhenbeschwerden noch eher auftreten können

– durch ein relativ langes Verbleiben der Medikamente im Blut besteht am nächsten Tag ein sogenannter »hang over« mit Kopfschmerzen, Schläfrigkeit und muskulärer Schwäche. Eine der Hauptwirkungen ist auch die Muskelrelaxation. Viele Benzodiazepine werden erst nach 20 Stunden aus dem Körper eliminiert!

– sämtliche Schlafmittel verändern bei längerer Einnahme die Schlaf- und Traumphasen. Nach dem Absetzen der Schlafmittel kommt es daher zu verstärkten Traumphasen mit Alpträumen.

Sollten jedoch Schlafmittel dringend nötig sein, kann man zu einem kurz wirksamen Schlafmittel (Einschlafmittel) wie z.B. Halcion® 2mg greifen. Es sollte jedoch nur eine halbe Tablette (1mg) eingenommen werden und auf eine längere Einnahme unbedingt wegen der teilweise schweren Nebenwirkungen, die psychische Aspekte umfassen können, verzichtet werden. Außerdem ist auf eine Einnahme in den frühen Abendstunden zu achten.

Nifedipin

Nifedipin ist ein bekanntes Medikament bei Erkrankungen des Herzens. Es senkt den Druck in den Pulmonalarterien, der bei schwerer Akuter Höhenkrankheit und einem Höhenlungenödem (HLÖ) immer erhöht ist. Zur Zeit wird die Einnahme von Nifedipin Bergsteigern mit einer HLÖ-Anamnese zur Prophylaxe empfohlen und zwar so, daß 24 Stunden vor dem Aufstieg eine Dosis von 3 mal 20 mg bis zur Rückkehr eingenommen wird. In der Therapie eines manifesten HLÖ sollte Nifedipin unter die Zunge mit einer Dosierung von 10 bis 20 mg gegeben werden, dann weitere Einnahmen alle 6 Stunden mit 20 mg.

Der Expeditionsarzt bei seiner »Dorfsprechstunde« in Askole

9.6 Trekkingarzt / Expeditionsarzt

Durch die zunehmende Zahl der Trekkingtouren und Expeditionen werden auch begleitende Ärzte immer begehrter. Wenn man als Arzt die Betreuung einer Trekkingtour oder gar einer Expedition übernimmt, sollte man sich jedoch einiger wichtiger Punkte im vorhinein bewußt sein.

Die medizinischen Schwierigkeiten können sehr vielschichtig sein. Es bedarf auf aller Fälle neben Kenntnissen des internistisch-chirurgischen Fachgebiets eines Grundwissens über Höhen- und Tropenmedizin. Die meisten medizinischen Einsätze werden wohl bei »Bagatellfällen« wie Schnupfen, Magen-Darmverstimmungen, Blasen oder Augenentzündungen sein. Sollten jedoch ernste, vielleicht sogar lebensbedrohende Erkrankungen (z.B. Höhenhirnödem, Lungenembolie) auftreten, so ist neben der diagnostisch-therapeutischen Sicherheit auch die klare medizinische Befugnis des Arztes gefragt, die ja unter Umständen den weiteren Ablauf der Tour entscheidend beeinflussen kann.

Die *Aufgaben* eines Trekking- oder Expeditionsarztes müssen vor Beginn der Tour abgesprochen und festgelegt werden. Gerade beim Scheitern der Expedition oder Trekkingtour (auch aus medizinischen Gründen) kann es zu Streitigkeiten oder sogar rechtlichen Auseinandersetzungen kommen, falls die Kompetenzen, Grenzen der medizinischen Behandlung oder Art und Weise der Betreuung nicht von vornherein abgeklärt sind. Dazu gehört die Festlegung in wieweit ein Arzt in die Höhenlager mitaufsteigt, die Präferenz zwischen Gipfelaufstieg oder Betreuung etwaiger Erkrankter und die Art der medizinischen Betreuung (z.B. fest bestimmter und bezahlter Arzt bei Trekkingtouren oder »nur« Teilnehmer).

Vor jeder Unternehmung sollte in Übereinstimmung mit dem Veranstalter und den Teilnehmern ein rechtlich abgesicherter *Expeditionsvertrag* schriftlich fixiert werden. Darin werden die Aufgaben und Pflichten des Arztes und die Entscheidungsbefugnis hinsichtlich medizinisch-hygienischer und höhenmedizinischer (Taktik des Anmarsches) Probleme definiert. Auch die Haftung des Arztes im Rahmen seiner Haftpflichtversicherung sollte enthalten sein. Für den betreuenden Arzt empfiehlt es sich, seine Haftpflichtversicherung über die geplante Betreuung zu informieren.

Zu den Aufgaben eines Expeditions- oder Trekkingmediziners gehört die *Beschaffung der Medikamente*. Dies ist in den letzten Jahren wegen der zunehmenden Zurückhaltung der meisten Pharmafirmen kostenlose Präperate zur Verfügung zu stellen, deutlich schwieriger geworden. Die Besorgung einer vollständigen Apotheke ist enorm zeit- und unter Umständen auch geldaufwendig. Ein langer Planungsvorlauf ist unerlässlich.

Die manchmal von Trekkingunternehmen zur Verfügung gestellte Apotheke erweist sich häufig als unzureichend. Weiterhin sollte man als begleitender Arzt unbedingt darauf dringen, daß vom Veranstalter ein Überdrucksack und medizinischer Sauerstoff besorgt wird, da sich beides schon vielfach bewährt hat.

Oft können nicht alle Medikamente vom Arzt gestellt werden, häufig benötigte Medikamente (z.B. Aspirin®, Imodium®, Nasivin®, Yxin®) müssen die Teilnehmer selbst besorgen, eine Liste dieser *Basismedikamente* zur Selbstbesorgung muß der Arzt erstellen.

Aufgaben des Arztes vor dem Beginn der Trekkingtour oder Expedition

Vor der Expedition empfiehlt es sich, über die Teilnehmer einige medizinische Daten einzuholen. Dazu eignet sich ein kurzer *Anamnesebogen*, in dem folgende Punkte enthalten sein sollten:

TIP

Anamnesebogen

frühere Erkrankungen und Operationen
frühere Beschwerden in der Höhe (AHK, HLÖ, HHÖ)
chronische Erkrankungen (Epilepsie, Diabetes, usw.)
Allergien
regelmäßige Medikamenteneinnahme

Weiterhin müssen vor einer Expedition höhenmedizinische Probleme zusammen besprochen werden. Dazu gehört die Aufklärung und nötige Erstversorgung bei dem seltenen, aber lebensbedrohlichen Höhenhirnödem. Auch die nötigen Impfungen (häufig fehlen Standardimpfungen wie Polio oder Tetanus) müssen den Teilnehmern bekannt sein.

Aufgaben des Arztes während der Tour

Während des Anmarsches sollte der Arzt immer wissen, wo sich die verpackten Medikamente befinden. Eine immer bereite *Notfallbox* mit den wichtigsten Gebrauchs- und Notfallmedikamenten im eigenen Rucksack ist meiner Meinung nach zusätzlich unbedingt empfehlenswert, denn während des Anmarsches in den Dörfern stellen oft Einheimische den Hauptanteil der Patienten. So ist es mir einmal passiert, daß in einem Dorf ein Handgelenksbruch und eine Schulterluxation zu versorgen waren, ein Abszeß gespalten und noch ein Zahn gezogen werden mußten, während der Rest der Expeditionsmannschaft in der Zwischenzeit schon Stunden weitermarschiert war. Diese Maßnahmen sind natürlich ohne Dolmetscher nicht möglich.

Zu den Aufgaben des Arztes gehört auch die *Einweisung und Überprüfung der Küche auf Hygiene*. Es muß besonders darauf geachtet werden, daß Obst, Gemüse oder Salat ausreichend und richtig (siehe auch ERKRANKUNGEN, 6.2 Durchfall) mit desinfizierten Wasser gewaschen werden. Die Küchenjungen muß man in der richtigen Anwendung von Kaliumpermanganat zur Desinfektion unterweisen. Auch in die persönlichen Hygiene des Personals muß man eine Einführung geben.

Während des Anmarsches muß der Akklimatisationszustand der Teilnehmer überprüft werden. Dazu können die tägliche Urinproduktion, die Pulszahl, die allgemeine körperliche Leistungsfähigkeit, körperliche Beschwerden (z.B. Kopfschmerzen, Atemlosigkeit) oder auch auffällige psychische Veränderungen herangezogen werden. Echte objektive Parameter für eine beginnende Höhenerkrankung gibt es nicht, die Erfahrung des Mediziners spielt also eine entscheidende Rolle.

Schwieriger als das Erkennen der Probleme ist meist das Treffen von Entscheidungen: Abtransport des Betroffenen, Einlegen eines Ruhetages oder Abstieg um einige hundert Höhenmetern. Die Kompetenz und persönliche Autorität des Arztes muß nun uneingeschränkt gelten. Kein Bergsteiger wird leichten Herzens einem Abstieg zustimmen und es bedarf oft ziemlicher Überredungskunst und Nachdrucks, um solche ungeliebten Maßnahmen durchsetzen zu können.

Aufgaben im Basislager

Im Basislager haben sich bei Expeditionen, die sehr hohe Berge zum Ziel haben, zur *Kontrolle der Hämatokritwerte* Minizentrifugen bewährt. Dadurch kann man bei längerem Höhenaufenthalt die Austrocknung des Körpers grob einschätzen und auch einen vernünftigen Zeitpunkt zum Wiederaufstieg bestimmen.

Es empfiehlt sich, *feste Behandlungszeiten* für Erkrankte (außer Notfällen natürlich) und Träger zu organisieren. Die *Erstellung genauer Packlisten* erleichtert auch im Basislager das Auffinden der benötigten Medikamente.

Wenn man als Expeditionsarzt selbst auch am Berg unterwegs ist, muß man einen verantwortlichen Vertreter bestimmen, der während der Abwesenheit des Arztes die Medikamentenkisten verwaltet und in Ordnung hält.

Eine weitere Aufgabe besteht in der *medizinischen Bestückung der Hochlager* mit Notfallmedikamenten und Sauerstoff. Dazu gehört meiner Meinung nach dringend ein Cortisonpräperat (z.B. Fortecortin Mono-Fertigspritzen 100 mg oder Solu-Decortin 250 mg), das im Falle eines Höhenhirnödems vom Arzt intravenös oder vom Laien intramuskulär gegeben werden muß.

Aufgaben eines Expeditions- oder Trekkingmediziners

Beschaffung der Medikamente
Erstellung einer Empfehlungsliste für die
Selbstbesorgung der »Basismedikamente« der einzelnen Teilnehmer

Vorrang der medizinischen Versorgung vor
Gipfelaufstieg des Expeditionsarztes

Überprüfung der Hygiene der Träger und des Begleitpersonals

Erstellung eines rechtlich abgesicherten Expeditionsvertrages über
Aufgaben des Expeditionsarztes im
Rahmen seiner Haftpflichtversicherung

Entscheidungsbefugnisse des Expeditionsarztes bei
medizinisch/hygienischen und höhentaktischen Problemen

Ausrüstung

Nimmt man an einer kommerziellen Trekkingtor oder Expedition teil, wird ein Teil der Ausrüstung (z.B. Seile, Fixseile, Kochausrüstung) gestellt. Bei Unsicherheiten über den Umfang dieser Ausrüstung sollte man mit dem Veranstalter auf jeden Fall rechtzeitig vorher in Kontakt treten und genaue Ausrüstungslisten verlangen.

Außerdem ist es ratsam, die Infrastruktur des bereisten Gebietes vorher in Erfahrung zu bringen:

Gibt es Unterkunftsmöglichkeiten mit Verpflegung ?

Wo kann ich unterwegs Lebensmittel / andere Dinge noch nachkaufen ?

vor der Abreise

O Ticket
O Visum
O Auslandskrankenreiseversicherung
O ev. Rücktransportversicherung
O Reisegepäckversicherung
O Paß gültig?
O Internationaler Führerschein
O Impfausweis
O Impfungen:
- Tetanus
- Polio
- Hepatitis
- ev. Gelbfieber
- ev. Typhus
- ev. Malaria

Allgemeine Ausrüstung

Persönlicher Hygienebeutel

- O Seife oder Waschpaste (biologisch abbaubar)
- O Shampoo (biologisch abbaubar)
- O Toilettenpapier
- O Zahnpasta
- O Zahnbürste
- O Sonnenschutz (mindestens Schutzfaktor 15)
- O Fettcreme
- O Lippenschutz
- O Mückenschutz
- O Taschentücher
- O Rasierzeug

Persönliche nützliche, aber nicht unbedingt notwendige Ausrüstung

- O Fernglas
- O Fotoapparat, Teleobjektiv, Ersatzbatterien, Filme
- O Tagebuch/Notizbuch
- O Wichtige Adressen
- O Schreibutensilien
- O Reiseführer
- O Sprachführer
- O Landkarten
- O Minithermometer
- O Walkman
- O Lektüre
- O Klebeband
- O Sekundenkleber

Ausrüstung Trekking

Bekleidung

O	Gore-Tex Jacke		
O	(Daunenjacke)		
O	Gore-Tex Hose	O	Trekkinghose
O	Kurze Hose		
O	Faserpelzjacke	O	Faserpelzhose
O	Jogginganzug		
O	Rollkragenpulli / Skihemd		
O	Unterhemden, lang	O	T-Shirts
O	Unterhosen, kurz	O	Unterhosen, lang
O	Strümpfe	O	Socken
O	Wollmütze	O	Sonnenhut
O	Fingerhandschuhe	O	ev. Fäustlinge
O	Halstuch		
O	Trekkingstiefel	O	Turnschuhe
O	Sandalen		
O	Regenbekleidung (statt Gore-Tex Bekleidung)		
O	Plastikbeutel für Wäsche		
O	Beutel für Schmutzwäsche		

Allgemein

O Seesack
O Schloß für Seesack
O Rucksack 45 – 50 Liter
O Rucksackaußentaschen
O Regenschutz für den Rucksack

O Skistöcke

O Schlafsack
O Isomatte (aufblasbar, z.B. Therm-a-Rest))
O Biwaksack
O Rettungsfolie

O Sonnenbrille
O Regenschirm

O Wasserflasche
O Trinkbecher
O Thermosflasche

O Stirnlampe oder Taschenlampe
(Batterien und Reservebirnen)
O Taschenmesser
O Nähzeug
O Geldgürtel/Brustbeutel
O mehrere Kerzen und Feuerzeug

Küchenausrüstung

O Kocher (Gas- oder Benzinkocher)
O Gaskartuschen
(dürfen im Fluzeug nicht mitgenommen werden)
O Aluminiumtöpfe mit Deckel
O Eßbesteck
O Teller, Tassen
O Feuerzeug

Ausrüstung Expedition

Bekleidung

O	Gore-Tex Jacke		
O	Daunenjacke		
O	Gore-Tex Hose	O	Trekkinghose
O	kurze Hose		
O	Faserpelzjacke	O	Faserpelzhose
O	Jogginganzug		
O	Rollkragenpulli / Skihemd		
O	Unterhemden, lang	O	T-Shirts
O	Unterhosen, kurz	O	Unterhosen, lang
O	Strümpfe	O	Socken
O	Wollmütze	O	Sonnenhut
O	Sturmhaube		
O	Fingerhandschuhe	O	ev. Fäustlinge
O	Überhandschuhe	O	Seidenhandschuhe
O	Halstuch		
O	Bergstiefel, steigeisenfest	O	Trekkingstiefel
O	Gamaschen		
O	ev. Turnschuhe	O	Sandalen
O	Plastikbeutel für Wäsche		
O	Beutel für Schmutzwäsche		

Allgemein

O Seesack
O Schloß für Seesack
O Rucksack 60 – 80 Liter
O Kleiner Rucksack 45 – 50 Liter
O Rucksackaußentaschen
O Regenschutz für den Rucksack

O Skistöcke

O Schlafsack
O evtl. 2. Schlafsack für Hochlager
O Isomatte Basislager (aufblasbar, z.B. Therm-a-Rest))
O Isomatte Hochlager (aufblasbar, z.B. Therm-a-Rest))
O Biwaksack
O Rettungsfolie

O Sonnenbrille (und Ersatz)
O Gletscherbrille
O Skibrille
O Regenschirm

O Wasserflasche
O Trinkbecher
O Thermosflasche

O Stirnlampe
(Batterien und Reservebirnen)
O Taschenmesser
O Nähzeug
O Geldgürtel
O mehrere Kerzen und Feuerzeug
O Sekundenkleber
O Isolierband

Technische Ausrüstung

O Eispickel
O Eisbeil
O Steigeisen

O Anseilgurt (Brustgurt und Hüftsitzgurt)

O Steigklemmen
O Abseilachter
O Karabiner, Schraubkarabiner
O Eisschrauben, Haken, Kemmkeile

O Reepschnüre, Schlingen, Expreßschlingen
O Helm

O Höhenmesser
O Kompaß

Gelbfieber - Impfstellen in Deutschland

Baden-Württemberg

DRK-Blutspendedienst, Gunzenbachstr. 35, 76530 Baden-Baden
Landsratsamt Breisgau-Hochschwarzwald, Gesundheitsamt, Starkenstr. 44, 79081 Freiburg
Landsratsamt Bodenseekreis, Gesundheitsamt, Schmidtstr. 7+9, 88045 Friedrichshafen
Institut für Tropenhygiene, Im Neuenheimer Feld 324, 69120 Heidelberg
Landratsamt Karlsruhe, Dezernat VI-Gesundheitsamt, Karl-Friedrich-Str.9, 76126 Karlsruhe
Inst. für Med. Mikrobiologie u. Hygiene, Theodor-Kutzer-Ufer, 68167 Mannheim
Gelbfieberimpfstelle d. Städt. Gesundheitsamt, Dr. D. Fischer, Bismarckstr.3, 70176 Stuttgart
Institut für Tropenmedizin der Universität, Keplerstr. 15, 72074 Tübingen
Tropenklinik, Paul-Lechner-Krankenhaus, Paul-Lechner -Str. 24,72076 Tübingen
Bundeswehr-Krankenhaus, Betriebsärztlicher Dienst, Oberer Eselsberg 40, 89081 Ulm
Medizinische Univ. Klinik, Tropenmedizinische Beratungsstelle, Prof. Dr. Kern, Oberer Eselsberg
Robert-Koch-Str. 8, 89081 Ulm

Bayern

Städt. Gesundheitsamt, Hoher Weg 8, 86152 Augsburg
Dr. Wolfgang Krause, Richard-Wagner-Str. 2, 95444 Bayreuth
Dr. Fritz Seiler, Friedrich-von-Schiller-Str.3 e, 95444 Bayreuth
Dr. Georg Meyer, BAD Zentrum, Bahnhofstr. 57, 94469 Deggendorf
Institut für med. Hygiene d. Universität, Wasserturmstr. 5, 91054 Erlangen
Prof. Dr. E. Fink, Spardorferstr. 38, 91034 Erlangen
Kinder- und Poliklinik der Universität, Loschgestr. 15, 91054 Erlangen
Dr. Erich Abé, Garchinger Str. 6, 85737 Ismaning
Dr. Rudolf Kappes, Tropenmedizin, Salzstr. 40, 87435 Kempten
Med. Diagnostisches Institut, Prof. Dr. Haas, Augartenweg 20, 87437 Kempten
Dr. Maria Fick, Neustadt 452/II, 84028 Landshut
Dr. Elisabeth Beer, Fritz-Thomas-Str. 14, 95615 Marktredwitz
Abt. f. Infektions- und Tropenmedizin der Universität, Leopoldstr. 5, 80802 München
Deutsche Lufthansa, Med. Dienst, Dr. Kaul, Südallee 15, 85325 München-Flughafen
Hauner`sche Kinderklinik, Lindwurmstr. 4, 80337 München
Kinderklinik der Universität, Pettenkoferstr. 8a, 80336 München
Staatl. Gesundheitsamt, Dr. Kerscher, Am Neudeck 6, 81541 München
Max-v.-Pettenkoferinstitut, Pettenkoferstr. 9a, 80336 München
Dr. D. Dettmann, Nymphenburger Str. 87, 80636 München
Dr. Frühwein, Tropenmedizin, Brienner Str. 11, 80333 München
Dr. von Goeldel, Sonnenstr. 8, 80331 München
Dr. Hartmann, Schellingstr. 153 b, 80797 München
Dr. Holthausen, Graf-Lehndorff-Str. 11, 81829 München
Dr. Kessler MPH, Kornwegerstr. 3, 81375 München
Dr. Meszticzki, Rotbuchenstr. 8, 81547 München

Dr. Serbu, Plinganserstr. 120, 81369 München
Dr. Sommerfeld, Hedwigstr. 4, 80636 München
Dr. Sothmann, Boschetsrieder Str. 140, 81379 München
Dr. Becher, Böhmerwaldstr. 5, 93073 Neutraubling
Hygiene-Institut der Stadt Nürnberg, Flurstr 17, 90419 Nürnberg
Dr. Schleich, Dr. Blenk, Rohrmannstr. 12, 90429 Nürnberg
Dr. Kunstmann, Sirndorfer Str. 7, 90522 Oberasbach
Dr. Goering, Rosengasse 2, 91257 Pegnitz
Dr. Fischer, Med. Klinik, Knappschaftskrankenhaus, 82380 Peißenberg
Institut f. Med. Mikrobiologie d. Universität, Franz-Josef-Strauß-Allee 11, 93053 Regensburg
Dr. Koch, Boessner Str. 19, 93049 Regensburg
Dr. Ott, Pfarrstr. 1, 95111 Rehau
Dr. Werner, Rodinger Str. 1, 93489 Schorndorf
PD Dr. Stingl, Lechbrucker Str. 10, 86989 Steingaden
Dr. Huber, Viktualienmarkt 3, 94315 Straubing
Dr. Matschoss, Fraunhofer Str. 7, 94315 Straubing
Dr. von Schrader-Beielstein, Hauptstr. 8-10, 82237 Wörthsee-Steinebach
Institut f. Mikrobiologie der Universität, Josef-Schneider-Str. 2, 97080 Würzburg
Missionsärztliche Klinik, Tropenmed. Abt.,Salvatorstr. 7, 97074 Würzburg

Berlin

Institut f. Tropenmedizin, Engeldamm 62-64, 10179 Berlin
Institut f. Hygiene der FU, Hindenburgdamm 27, 12203 Berlin
Robert-Koch-Institut, Nordufer 20, 13353 Berlin
Gesundheitsamt Tiergarten, Turmstr. 22, 10559 Berlin
Gesundheitszentrum am Potsdamer Platz, Mohrenstr. 6, 10115 Berlin
Zentrales Institut d. San. Dienstes d. Bundeswehr, Dr. Franke, Scharnhorststr. 14, 10115 Berlin
Dr. Tabel, Tropenmed. Institut, Wiclefstr. 2, 10551 Berlin

Brandenburg

Kreiskrankenhaus Beeskow, Innere Abt., Prof. Dr. Koch, Eugen-Richter-Str. 1-3, 15848 Beeskow
Praxis Greisbach, Görlitzer Str. 15, 03046 Cottbus
MR Dr. Schneider, Berliner Str. 1, 03046 Cottbus
Gesundheitsamt, Dr. Brandt, Dr. Piaskowski, Heegermähler Str. 75, 16225 Eberswalde-Finow
Gesundheitsamt Neuruppin, Dr. Münchow, Dr. Franz, Neustädter Str. 44, 16816 Neuruppin
Gesundheitsamt, Dr. Gutsmuths, Dr. Rahner, Friedrich-Ebert-Str.79/81, 14469 Potsdam

Bremen

Hafengesundheitsamt, Überseehafen, Verwaltungsgebäude, Hafenkopf II, 28217 Bremen
Hafengesundheitsamt, Geo-Plate-Str. 4, 27568 Bremerhaven

Hamburg

Bernhard-Nocht-Institut f. Trop. Medizin, Bernhard-Nocht-Str. 74, 20359 Hamburg
Hafen- u. Flughafenärztlicher Dienst, Großmannstr. 10, 20539 Hamburg
Impfzentrum d. Hygieneinstituts, Hinrichsenstr. 1, 20535 Hamburg
Institut f. Mikrobiologie, Univ. Krankenhaus Eppendorf, Martinistr. 52, 20251 Hamburg
Zentr. Institut d. San. Dienstes d. Bundeswehr, Laborabt. 1, Lesserstr. 180, 22049 Hamburg
Dr. Melenkeit, Reimarusstr. 19, 20459 Hamburg

Hessen

Flughafenklinik, Hugo-Eckner-Ring, 60547 Frankfurt
Med. Dienst der Lufthansa AG, Dienststelle PM, 60596 Frankfurt
Hygiene-Institut d. Universität, Paul-Ehrlichstr. 40, 60596 Frankfurt
Stadtgesundheitsamt, Braubachstr. 18-22, 60311 Frankfurt
Institut f. Hygiene d. Universität, Prof. Dr. Eikmann, Friedrichstr. 16, 35392 Gießen
Stadtgesundheitsamt, Obere Königsstr. 3, 34117 Kassel
Zentrum f. Mikrobiologie, Klinikum d. Phillippsuniversität, Pilgrimstr. 2 ,35037 Marburg
Gesundheitsamt, Dotzheimer Str. 38-40, 65185 Wiesbaden

Mecklenburg-Vorpommern

Klinikum Neubrandenburg, II. Med. Klinik, CA Dr. Pietruschka, 17033 Neubrandenburg
Klinik für Innere Med. d. Universität, OA Dr Lafrenz, Ernst-Heydemann-Str. 6,18057 Rostock
Gesundheitsamt, Hafenärztlicher Dienst, Herr Grunwald, 18147 Rostock-Überseehafen
Landeshygieneinstitut, Prof. Dr. Werner, Bornhövestr. 78, 19055 Schwerin
Senat der Hansestadt Stralsund, Gesundheitsamt, Dr. Stahlberg, Knieperdamm,18435 Stralsund
Gesundheitsamt, Hafenärztlicher Dienst, Dr. Nauwald, Am Holzhafen, 23966 Wismar

Niedersachsen

Staatl. Medizinaluntersuchungsamt, Lüchtenburger Weg 24, 26603 Aurich
Gesundheitsamt, Rönnelstr. 10, 26919 Brake
Staatl. Medizinaluntersuchungsamt, Hallestr. 1, Postfach 3301, 38124 Braunschweig
Städt. Gesundheitsamt, Am alten Binnenhafen 2, 26721 Emden
Gesundheitsamt Gifthorn, Dr. Kraft, Allerstr. 21, 38518 Gifthorn
Hygiene-Institut d. Universität, Kreuzbergring 57, 37075 Göttingen
Gesundheitsamt, Weinstr. 2, 30171 Hannover
Gesundheitsamt, Dr. Plentz, Hildesheimer Str. 20,30169 Hannover
Institut f. Virologie d. Med. Hochschule, Konstanty-Gutschow-Str. 8, 30625 Hannover
Dr. Konopatzki, Am alten Eisenwerk 2a, 21339 Lüneburg
Staatl. Medizinaluntersuchungsamt, Dr. Willers, Roesebeckstr. 4, 30449 Hannover
Gesundheitsamt, Rummelweg 18, 26122 Oldenburg
Ldt. Medizinaldirektor Dr. Meyer, Hakenstr. 6, 49074 Osnabrück
Gesundheitsamt, Dr. Wedegärtner, Am Schölerberg 1, 49082 Osnabrück
Staat. Medizinaluntersuchungsamt, Alte Poststr. 11, 49074 Osnabrück

Gesundheitsamt, Joachim-Campe-Str. 14, 38226 Salzgitter
Staatl. Medizinaluntersuchungsamt, Heckenweg 4, 21680 Stade
Dr. Köbke und Günther Potinius, Gökerstr. 96, 26384 Wilhelmshaven
Gesundheitsamt, Rosenweg 1a, 38446 Wolfsburg

Nordrhein-Westfalen

Prof. Dr. Lütticken, Klinikum d. RWTH, Pauwelstr. 30, 52074 Aachen
Dr. Zahn, Albrecht-Dürer-Str. 6, 52477 Alsdorf
Dr. Rätz, Kaiser-Wilhelm-Platz 4, 32545 Bad Oeyenhausen
Dr. Schröder-Lange, Gesundheitsamt, Nikolaus-Dürkopp-Str. 5-9, 33602 Bielefeld
Hygieneinstitut d. Universität, Universitätsstr. 150, Gebäude MA 1/35, 44801 Bochum
Landesanstalt f. Arbeitsschutz, Dr. Gerding, Marienplatz 2, 44801 Bochum
Hygiene-Institut d. Universität, Siegmund-Freud-Str. 25, 53127 Bonn
Auswärtiges Amt, Impfstation, Tempelstr.17, 53113 Bonn
Gesundheitsamt, Burloer Str.33, 46325 Borken
Dr. Schmitt, Rheinstr. 28, 53332 Bornheim-Hersel
Gesundheitsamt, Dr. Heuser, Marienstr. 19, 52351 Düren
BAD, E.Müller-Sachs, Flughafen, Halle 4, 40474 Düsseldorf
Centrum f. Reisemedizin, Oberrather Str. 10, 40472 Düsseldorf
Hafen- u. Flughafenärztlicher Dienst, Kölner Str. 180, 40227 Düsseldorf
Prof. Dr. Schlipköter, Auf'm Hennekamp 50, 40225 Düsseldorf
Institut f. Hygiene d. Universität, Hufelandstr. 55, 45147 Essen
Gesundheitsamt, Landfermannstr. 1, 47051 Duisburg
Dr. Siggelkow, Mathilde-Kaiser-Str. 18, 45138 Essen
Gesundheitsamt, Dr. Prömse, Jülicher Ring 32, 53897 Euskirchen
Prof. Dr. Dickgießer, Hygiene-Institut, Rotthauser Str. 19, 45879 Gelsenkirchen
Ruhr-Öl-GmbH, Dr. Schubert, Pawikerstr. 30, 45896 Gelsenkirchen-Buer
Kreisgesundheitsamt, Dr. Laumen, Auf der Schanze 1, 41515 Grevenbroich
Dr. Bründel, Alte Osnabrücker Str. 20, 33335 Gütersloh
Kreisgesundheitsamt, Dr. Nürmberger, Dr. Bader, Am Wiedenhof 1-3, 51643 Gummersbach
Gesundheitsamt , Grashofstr. 41, 58095 Hagen
Gesundheitsamt, Dr. Hartwigk, Heinrich-Reinköster-Str.8, 59065 Hamm
Dr. Scharte, Alter Markt 2, 33419 Harsewinkel
Gesundheitsamt, Valkenburger Str. 41, 52525 Heinsberg
Dr. Vollnberg, Kreiskrankenhaus, Schwarzenmoorstr. 70, 32049 Herford
Dr. Soberger, Warrington-Platz 5, 40721 Hilden
Gesundheitsamt, Moltkestr. 12, 37671 Höxter
Gesundheitsamt, Friedrichstr. 70, 58636 Iserlohn
Institut f. med. Mikrobiologie d. Universität, Goldenfelsstr. 19-21, 50935 Köln
Luftwaffensanitätsstaffel, Dr. Slomke, Hauptwache, Gebäude 119, 51140 Köln-Wahn
Gesundheitsamt, Dr. Menn, Gartenstr. 30-32, 47798 Krefeld
Krankenanstalten, Impfstation, Prof. Finger, Lutherplatz 40, 47805 Krefeld
Gesundheitsamt, Dr. Linstaedt, Miselohestr. 4, 51379 Leverkusen
Dr. Bauer-Hack, Duisberrgweg 2, 58511 Lüdenscheid
Dr. Otto, Im Dahl 3-5, 34431 Marsberg

Gesundheitsamt, Dr. Katzer, Portastr. 13, 32423 Minden
Gesundheitsamt, Am Steinberg 55, 41061 Mönchengladbach
Dr. Oswald, Stormstr. 95, 47445 Moers-Repelen
Gesundheitsamt, Ruhrstr. 40-42, 45468 Mülheim/Ruhr
Institut für Medizinische Mikrobiologie der Universität, Domagkstr. 10, 48149 Münster
Gesundheitsamt, Tannenbergstr. 11-13, 46045 Oberhausen
Dr. Reichenbach, Kölner Str. 2, 57462 Olpe
Kreisgesundheitsamt, Aldegreverstr. 10-14, 33102 Paderborn
Kreisgesundheitsamt, Kreishaus, Kurt-Schumacher-Allee 1, 45657 Recklinghausen
Gesundheitsamt, Hastener Str. 15, 42855 Remscheid
Gesundheitsamt, Dr. Holwitt, Münstererstr. 55, 48431 Rheine
Gesundheitsamt , Hauptstr. 92, 58317 Schwelm
Dr. Lührmann, Am Ochsenkamp 60, 58332 Schwelm
Gelbfieberimpfstelle des Gesundheitsamtes, Hoher Weg 1-3, 59494 Soest
Dr. Krause, Poststr. 40, 32139 Spenge
Kreisgesundheitsamt, Dr. Retzgen, Platanenallee 16, 59425 Unna
Dr. Joel, Höhne 79, 42275 Wuppertal
Dr. Vesper, Rommelspütt 9, 42105 Wuppertal
Dr. Witting, Erbschloer Str. 8, 42369 Wuppertal-Ronsdorf

Rheinland-Pfalz

Dr. Przybylski, Hauptstr. 97 a, 55232 Alzey
Gesundheitsamt, Pfaffstr. 40-42, 67655 Kaiserslautern
Ernst-Rodenwaldt-Institut, Med. Mikrobiologie, Viktoriastr. 11-13, 56068 Koblenz
Dr. Hentsch, Slevogtstr. 5, 76829 Leinsweiler
Institut f. Med.Mikrobiologie, Obere Zahlbacher Str. 67, 55101 Mainz

Saarland

Gesundheitsamt, Malstatter Str. 17, Haus der Gesundheit, 66117 Saarbrücken

Sachsen

Gesundheitsamt, Reisemedizinische Beratung, Wallstr. 5, 02625 Bautzen
Gesundheitsamt, Impfstelle, Rathausstr. 12, 09111 Chemnitz
Städt. Klinik, Centrum f. Reisemedizin, Bürgerstr. 2, 09113 Chemnitz
Städt. Klinikum, Institut f. Tropenmedizin, Schäferstr. 49-51, 01067 Dresden
Gelbfieberimpfstelle des Gesundheitsamtes, Leipziger Str. 42, 04668 Grimma
Abteilung Infektionsmedizin d. Universität, Härtel Str. 16-18, 04107 Leipzig
Städt. Klinikum St. Georg, Zentrum f. Reisemedizin, Delitzscher Str. 141, 04129 Leipzig
Dr. Köcker, Dobenaustr. 1, 08523 Plauen

Sachsen-Anhalt

Anhaltische Diakonissenanstalt, Gelbfieberimpfstelle, Köthener Str. 93, 06847 Dessau

Gesundheitsamt, Niemeyerstr. 1-2, 06110 Halle/Saale
Gesundheitsamt, Lübecker Str. 32, 39124 Magdeburg
Landeshygiene Institut, Wallonerberg 2-3, 39104 Magdeburg

Schleswig-Holstein

Gesundheitsamt, Norderstr. 58-60, 24939 Flensburg
Gesundheitsamt, Neue Anlage 18, 25746 Heide/Holst.
Gesundheitsamt, Damm 8, 25813 Husum
Klinikum d. Universität, Immunologie, Michaelisstr. 5, 24105 Kiel
Schiffahrtsmed. Institut der Marine, Kopperpahler Allee 120, 24119 Kronshagen
Med. Universität, Immunologie, Ratzeburger Allee 160, 23562 Lübeck

Thüringen

Gesundheitsamt, Turniergasse 17, 99084 Erfurt
Dr. Lundershausen, Thälmannstr. 25, 99085 Erfurt
Bezirkskrankenhaus, Klinikum Gera I, Impfstelle, Straße d. Friedens 122, 07548 Gera
Friedrich-Schiller-Universität, Impfstelle, Backstr. 18, 07743 Jena
Südharzkrankenhaus, Med. Klinik, Dr. Robert-Koch-Str.- 39, 99734 Nordhausen
Gesundheitsamt, Friedrich-König-Str. 60, 98524 Suhl

Tropenmedizinische Institute mit klinischen Aktivitäten

Abt. f. Infektions- und Tropenmedizin der Universität, Leopoldstr. 5, 80802 München
Städt. Krankenhaus München Schwabing, IV. Med. Abteilung Kölner Platz, 80802 München
Augenklinik der Universität München, Abt. f. Präventiv- und Tropenophtalmologie, Mathildenstr. 8, 80336 München
Institut für Tropenmedizin der Universität, Keplerstr. 15, 72074 Tübingen
Tropenklinik, Paul-Lechner-Krankenhaus, Paul-Lechner-Str. 24, 72076 Tübingen
Institut f. Tropenmedizin, Engeldamm 62-64, 10179 Berlin
Medizinische Univ. Klinik, Tropenmedizinische Beratungsstelle, Prof. Dr. Kern, Oberer Eselsberg Robert-Koch-Str. 8, 89081 Ulm
Missionsärztliche Klinik, Tropenmed. Abt.,Salvatorstr. 7, 97074 Würzburg
Bernhard-Nocht-Institut f. Trop.Medizin, Bernhard-Nocht-Str. 74, 20359 Hamburg
Abteilung Infektionsmedizin d. Universität, Härtel Str. 16-18, 04107 Leipzig
Städt. Klinikum St. Georg, Zentrum f. Reisemedizin, Delitzscher Str. 141, 04129 Leipzig
Klinik für Innere Med. d. Universität, OA Dr. Lafrenz, Ernst-Heydemann-Str. 6,18057 Rostock

Adaptionsfähigkeit	Anpassungsfähigkeit
Adrenalin	Hormon des Nebennierenmarks, wird bei Stress erhöht an das Blut abgegeben
Alveolen	Lungenbläschen
Anämie	Blutarmut, beispielsweise bedingt durch Eisenmangel
anaerob	ohne Sauerstoff
Antiphlogistikum	Mittel zur Behandlung lokaler Entzündungen
Bicarbonat	H_2CO_3, im Blutplasma zirkulierendes Puffersystem, wird aus H_2O und CO_2 gebildet
cardial	auf das Herz bezogen
Carotis	die beiden seitlich am Hals aufsteigenden großen Halsschlagadern
Chemorezeptoren	spezialisierte Zellen und Nervenendigungen, die chemische Reize in elektrische Erregung umwandeln
Cheyne-Stokes-Atmung	(nach dem irischen Arzt John Cheyne-Stokes, 1777-1836) Atmung setzt erst in kleinen, dann größer werdenden Atemzügen wieder ein und steigert sich bis zu tiefen angestrengten Atemzügen, tritt nach kurzfristigem Aufstieg in große Höhe im Schlaf auf
Dehydration	Abnahme des Körperwassers
endemisch	nur in einem begrenzten Gebiet auftretend (Gegensatz: epidemisch)
Enzyme	Proteine, die als Katalysatoren in lebenden Organismen chemische Reaktionen beschleunigen; ohne Enzyme ist kein geordneter Stoffwechsel möglich und damit auch kein Leben
Erythrozyten	rote Blutkörperchen
Erythropoetin	Hormon, von den Nieren ausgeschüttet, regt eine vermehrte Bildung der Erythrozyten an
Exsikkose	Austrocknung
Glykogen	eine besonders in der Leber und in den Muskeln vorhandene Stärkeart
Glykolyse	Abbau der Glukose bis zum Laktat, wobei chemische Energie in Form von ATP gewonnen wird
Hämoglobin	roter Blutfarbstoff
Hämatokrit	Anteil der zellulären Bestandteile am Blutvolumen, zu 98 % Erythrozyten
Herzinsuffizienz	Herzmuskelschwäche, unzureichende Funktion des Herzens
Hyperurikämie	Vermehrung der Harnsäure im Blut, Gicht
Hyperventilation	übermäßige Atmung
Hypoventilation	zu geringe Atmung
Hypoglykämie	Verminderung des Blutzuckers
Hypoxämie	Mangel an Sauerstoff im Blut
Hypoxie	Sauerstoffmangel
intravenös	in eine Vene
Kapillaren	Haargefäße
Laktat	Milchsäure
Mitochondrien	Organellen, decken den Energiebedarf der Zellen
Myoglobin	der Muskelfarbstoff
Ödem	krankhafte Flüssigkeitsansammlung

Oligurie	Verminderung der Harnmenge
Oxydation	Verbindung mit Sauerstoff
Partialdruck	nach Daltons Gesetz (1803) beträgt der Partialdruck eines Gasgemisches so viel Prozent vom Gesamtgasdruck, wie Volumenprozent der gesamten Gasmenge. z.B. beträgt der Partialdruck des Sauerstoffs in der Luft (20 %) etwa 150 bis160 mmHg (Gesamtluftdruck = 760 mmHg)
Physiologie	Lehre von den Lebensvorgängen bei Pflanzen,Tieren und Menschen
Pneumonie	Lungenentzündung
Polyurie	vermehrte Harnausscheidung
Thrombose	Bildung fester Pfropfen (Thromben) in Blutgefäßen
Zyanose	blaurote Färbung der Lippen wegen Sauerstoffmangel

Abkürzungen

AHK	Akute Höhenkrankheit
ATP	Adenosintriphosphat (zur Energiegewinnung im Körper wird ATP zu ADP (=Adenosindiphosphat) und Phoshat gespalten)
CO_2	Kohlendioxid
HHÖ	Höhenhirnödem
HLÖ	Höhenlungenödem
mm Hg	Millimeter Quecksilber
NN	Normalnull = Meereshöhe
O_2	Sauerstoff
pCO_2	Kohlendioxydpartialdruck
pO_2	Sauerstoffpartialdruck
UV	Ultraviolett

Acetazolamid	(siehe Diamox)
Aconquilca	9
Adaptionsfähigkeit	63
Adrenalin	18
Akklimatisation	67, 69, 73, 76
Akute Höhenkrankheit	22ff.
Alpinstil	76
Alter	63f.
Alveolen	15f.
Anamnesebogen	133
Apathie	33
Appetitlosigkeit	22, 26
Apotheke	120ff.
Atmung, verminderte	(siehe Hypoventilation)
Atemminutenvolumen	14
Atmung	13ff., 25, 89f.
ATP (= Adenosintriphosphat)	18, 100f.
Auftauen	40ff.
Augen	90
Ausdauer	115f.
Auslands-Krankenversicherung	45
Ausrüstung	59, 136ff.
Basislager	75, 81, 108, 121
Ballaststoff	100
Belastung	62
Bergkrankheit	(siehe Höhenkrankheit)
Bicarbonat	17
Bindehautentzündung	90
Blasen	96
Bronchitis	89f.
Cheyne-Stoke-Atmung	25
Cholera	48
Chloroquin	52
Chronische Höhenkrankheit	42ff.
Darminfektion	85f.
Dauerlauf	116
Dexamethason	129
Diamox	128
Diphterie	47
Durchfall	85
Eiweiß	102f.
EKG	45
Elektrolyte	105
Energiebereitstellung	113
Erfrierungen	34ff.
Erkrangungen	66, 85ff.
Ernährung	99ff.
Erythropoetin	18
Erythrozyten	18
Expedition	57, 67f., 107
Expeditionsarzt	132ff.
Extreme Höhe	10, 73ff.
Fette	104f.
Flüssigkeitshaushalt	70
Frauen	65ff.
Gelbfieber	47
Gelbsucht	(siehe Hepathitis)
Glykogen	104
Hämatokrit	35, 78
Hämoglobin	18
Halluzination	79
Hepatitis	48, 54
Hochlager	127
Höhenlagen	10ff.
Höhenhirnödem	21, 32f.
Höhenlungenödem	21, 28ff., 63
Höhenstörungen	21ff., 74
Höhentauglichkeit	43, 55f.
Husten	89
Höhenhusten	78
Hyperventilation	12ff., 16, 17
Hypoglykämie	(siehe Unterzucker)
Hypoventilation	24
Impfung	47ff., 53
Jugendliche	63f.
Kalorie	100
Kälte	
Kapillarisierung	19, 24
Kinder	63f.
Kinderlähmung	47, 53
Knie	90ff.
Kohlendioxid	17

Kohlenhydrate 103f.
Kompensationsmechanismen 12
Kopfschmerzen 25
Kortison 33, 129
Krankenkasse 45

Luftdruck 7
Lunge 7, 15
Lungenbläschen 7, 15

Malaria 49ff.
Medikamente 119ff.
Mitochondrien 13, 18
Mt. Everest 10
Müdigkeit 27
Muskulatur 18, 115
Myoglobin 18

Nahrungsmittel 109
Netzhautblutung 33
Niere 128
Nifedipin 130

Ödeme 24, 26
Oligurie 24f.
Oxydation 101

Pille 65f.
Planung 57ff.
Protein (siehe Eiweiß)
Pulssteigerung 27

Reisediarrhoe 85f.
Rücken 93ff.

Sauerstoff 7, 13ff., 32
Sauerstoff, medizinischer 31
Sauerstoffkaskade 15
Sauerstoffmangel 13, 73
Sauerstoffpartialdruck 7, 13, 18, 24
Sauerstofftransportfähigkeit 12, 17
Schlaflosigkeit 22, 25
Schlafmittel 130
Schnupfen 89
Schulter 93ff.
Schwangerschaft 65
Schwindel 22
Senioren 63
Skistöcke 92
Spurenelemente 106f.

Taktik 67ff., 74ff.
Tetanus 47, 53
Training 113ff.
Trekking 57ff.
Thrombose 35,65
Trekkingarzt 132ff.
Trockennahrung 108
Typhus 48, 53

Übelkeit 22
Überanstrengung 70
Überdrucksack 28, 30f.
Unterzucker 107
Urin 25

Verletzungen 85ff.
Versicherung 45, 132
Vitamin 105f.
Vorbereitung 45ff.
Vorerkrankungen 66
Voruntersuchung 45f.

Wasserverlust 110
Wundstarrkrampf (siehe Tetanus)

Zehennägel 96
Zyanose 29

Bärtsch P., Oelz O.: Bergsteigen, Trekking, Tauchen, Therapeutische Umschau Band 50, Heft 4, 1993

Berghold F., Aigner A., Muss N.: Herz-Kreislaufreaktionen beim Bergsteigen in extremen Höhen, in: Medizinische Probleme bei Bergfahrten in größere Höhe.
7. Internationale Bergrettungsärzte-Tagung in Innbruck, Eigenverlag Flora, Innsbruck 1983

Berghold F., Pallasmann K., Schaffert W.; Schobertsberger W.: Praxis der Höhenanpassung. Therapie der Höhenkrankheit, in: Richtlinien der Österreichischen Gesellschaft für Alpin- und Höhenmedizin 1991

Bernett P., Zintl F.: Bergmedizin Ernährung Training, Alpinlehrplan 7, BLV, München 1987

Brendel W., Zink R.: High Altitude Physiology and Medicine, Springer, Berlin 1982

Brendel W.: Höhenakklimatisation und Höhenkrankheit, in: Jahrbuch ÖAV 1965

Brendel W.: Höhenmedizinische Aspekte des Expeditionsbergsteigens,
Praktische Sporttraumatologie 2, 3, 1985

Centrum für Reisemedizin: Reisemedizinischer Informations-Service, Die schnelle Beratungshilfe,
Handbuch, Ausgabe Winter 1995/Frühjahr 1996

Deetjen P., Humpeler E.: Medizinische Aspekte der Höhe. Thieme, Stuttgart 1982

Hackett P.H.: Mountain Sickness, Prevention, Recognition and Treatment.,
The American Alpine Club, New York 1984

Hackett P.H., Rennie D.: The Incidence, Importance, and Prophylaxis of Acute Mountain Sickness,
The Lancet 11, 1149; 1976

Hackett P.H., Rennie D., Grover R.F., Reeves J.T.: Acute Mountain Sickness and the Edemas of High Altitude - A common Pathogenesis?, Respir. Physiol. 46, 383; 1981

Hackett P.H.; Rennie D.: Avoiding Mountain Sickness, The Lancet 2, 938, 1978

Hackett P.H., Schoene R.B., Winlow R.M., West J.B.: Acetazolamid and Exercise in Sojourners to 6300 m- A preliminary study, Med. Sci. Sports Exerc. 17, 593; 1985

Heath D., Williams D.R.: Man at High Altitude, Churchill Livingstone, New York 1981

Hochholzer T., Bernett P.: Medizinische Aspekte einer Doppelexpedition zur Shisha Pangma und zum Cho Oyu, Praktische Sporttraumatologie 2, 25; 1989

Housten C.S.: Going High, The Story of Man at Altitude, The American Alpine Club, New York 1980

Hultgren H.N.: High Altitude Pulmonary Edema: Hypoxia, High Altitude and the Heart,
Adv. Cardiol. 5, 24; 1970

Kirchhelle A.: Impfprophylaxe bei Reisen in tropische Länder, Klinikarzt 7/8/23 1994

Kongressband der Medizinischen Kommission der UIAA: Sportklettern, Höhenbergsteigen
München 23.-25. Oktober 1986, Sportzentrum TU München

Kongressband Symposium für Bergmedizin
München 15./16. Oktober 1982. Sportzentrum TU München

Lieb W.: Medizinisches Handbuch für Fernreisen, Dumont, Köln 1994

Leucht U.: Reisediarrhoe, in: Klinikarzt 7/8/23, 1994

Ölz O.: Die Inzidenz, Prophylaxe und Therapie der akuten Bergkrankheit.,
Therapeutische Umschau 42, 52; 1985

Richalet J.P., Keromes A., Dersch B. und andere: Characteristiques Physiologiques des Alpinistes de
Haute Altitude, Science & Sports 3, 89, 1988

Rivolier J., Cerretelli P.: High Altitude Deterioration, Karger, Basel 1984

Westphal K.; Treibel W.; Seiz W.; Lischke V.: Das Verhalten der Sauerstoffsättigung in extremer Höhe und
ihr diagnostischer Stellenwert bei der akuten Höhenkrankheit., Fortschr. Anästh. 1, 67; 1993

Treibel W., Westphal K., Unkenbach U., Seiffert U.: Höhenmedizinische Untersuchungen bei der größten
deutschen Himalaya-Expedition zum Cho Oyu, Fortschr. Anästh. 1, 71, 1993

West J.B.: Everst, The Testing Place, McGraw Hill Book Co., New York 1985

Wiget U.: How to prepare for a Trekking Tour?, Forum Davos, 1988

Zink R.: Ärztlicher Rat für Bergsteiger, Thieme, Stuttgart 1978

Zintl F.: Zur körperlichen Beanspruchung bei verschiedenen Ausprägungsformen des Bergsteigens,
Praktische Sporttraumatologie 2, 33, 1985

Bildautoren

Archiv Lentrodt (131)
Bolesch, R. (31)
Härter, G. (83)
Hochholzer, T. (11, 37, 38, 55, 61, 67, 69, 71, 77, 86, 92, 115, 117)
Leinauer, M. (20)
Lentrodt, M. (95, 96, 97, 108)
Schumann, K. (111)
Zak, H. (6, 27, 43, 44, 46, 53, 56, 60, 64, 68, 72, 84, 93, 98, 112, 118)

Autor und Verlag bedanken sich beim Centrum für Reisemedizin, 40472 Düsseldorf, für die freundliche Unterstützung und Überlassung von Adressen und Informationen
und bei der WHO für die Genehmigung zur Veröffentlichung der Karten auf den Seiten 50 und 51.

Weiterhin möchte ich mich bei den begleitenden Expeditionsärzten für die Dokumentation der medizinischen Daten bedanken, die in meine Promotionsarbeit wie auch hier in dieses Buch Eingang gefunden haben:

Herrn Dr. U. Dölle, Herrn Dr. A. Erberteder, Herrn Dr. A. Schwarz,
Herrn Dr. F. Smoler, Herrn Dr. K. Thierfelder, Frau Dr. U. Weber
und Herrn Dr. W. Zink

FLASH-VERLAG

DEUTSCHLAND VERTIKAL, Band 2: Der Osten 29,80 DM

Karsten Kügler, Kletterer aus Halle und intimer Kenner der ostdeutschen Klettergebiete, präsentiert hier einen detaillierten Abriß über die Klettermöglichkeiten in den neuen Bundesländern.

TOPOS A LA CARTE, Band 1: Klettern in Südfrankreich 34,80 DM

Der Dauerbrenner erscheint nun schon in der dritten Auflage. Über 40 Klettergebiete in ganz Südfrankreich werden vorgestellt.

TOPOS A LA CARTE, Band 2: Klettern in Italien 26,80 DM

Italiens Klettergebiete haben in den letzten Jahren einen gewaltigen Aufschwung zu verzeichnen. Neben den Dauerbrennern Finale und Arco werden in diesem Auswahlführer vor allem viele unbekannte Klettergebiete zwischen Dolomiten und Sardinien auf 184 Seiten vorgestellt.

KLETTERFÜHRER FINALE 34,80 DM

Italiens Klettergebiet Nummer 1 erlebt gerade seine Renaissance durch die Erschließung vieler neuer Felsen und Routen. Der Führer präsentiert über 1.500 Routen in den Schwierigkeitsgraden V bis X. Neben den Felsen um Finale sind in der Neuauflage auch die wichtigsten Gebiete um Albenga sowie einige Mountainbiktouren enthalten.

KLETTERN RUND UMS SELLAJOCH 29,80 DM

Stefan Stuflesser, Bergführer, Skilehrer und begeisteter Sportkletterer aus St. Ulrich, ist wohl einer der besten Kenner der Berge rund ums Sellajoch. Er beschreibt über 120 Routen von den Klassiker bis zu den Sportkletterrouten in den Schwierigkeitsgraden III bis X–; alle Texte in deutscher und italienischer Sprache!

CHAMONIX GRANIT 24,80 DM

Romain Vogler, einer der Trendsetter des modernen Felskletterns in den Wänden rund um den Montblanc, präsentiert eine Auswahl der 100 schönsten Routen an sonnigen Südwänden über Chamonix.

KLETTERFÜHRER SARDINIEN 29,80 DM

Thomas Fickert, ein exzellenter Kenner der sardischen Klettergebiete, beschreibt hier alle wichtigen Klettergebiete der Insel.

FLASH-Verlag
Wilhelm-Kuhnert-Str. 19 81543 München
Tel.: 089/661258 Fax: 089/661223

SPORTKLETTERN – Verletzungen – Prophylaxe – Training 29,80 DM

TREKKING UND HÖHENBERGSTEIGEN 29,80 DM

SPORTKLETTERN – Technik- und Taktiktraining 19,80 DM

Guido Köstermeyer ist einer der erfahrendsten Sportkletterer in Deutschland und Ferdinand Tusker ist Sportwissenschaftler am Olympiastützpunkt München mit dem Arbeitsschwerpunkt Biomechanik. Ergebnis ihrer Arbeit ist eine sehr praxisbezogene Analyse der Klettertechnik, die es Kletterern jeder Könnensstufe ermöglicht, ihre individuellen Fähigkeiten und Fertigkeiten zu verbessern und es Trainern und Übungsleitern erleichtert, systematisch Klettern zu lehren.

Im Vertrieb:

SELECTION D´ ESCALADES dans les CALANQUES 32,— DM

Brandneuer französischer Topoführer mit allen wichtigen Routen der Calanques vom Klassiker bis zu den neuesten Sportkletterrouten und Technoschockern. Deutschsprachige Einführung, gute Topos und Lageskizzen.

CLIMBING IN THAILAND 49,80 DM

François Burnier und Dominique Potard gehören zu den Haupterschließern der Felsen Thailands, die sich über paradisischen Sandstränden und Palmenwäldern erheben. Das Buch ist mehr als ein Führer – ein kleines Bilderbuch, mit dem es sich an kalten Novembertagen von den Kletterparadiesen der Welt träumen läßt.

ARCO 36,-- DM

Loris Manzana hat mit diesem Buch das neue Standardwerk über das In-Gebiet nördlich des Gardasees geschaffen. Die Auswahl umfaßt nicht nur sämtliche Sportkletterrouten, sondern auch die beliebten langen Routen an Colodri, Sonnenplatten und die neuen Gebiete um Pietramurata und Garda.

FLASH-Verlag
Wilhelm-Kuhnert-Str. 19 81543 München
Tel.: 0 89/66 12 58 Fax: 0 89/66 12 23